GIUSEPPE CARFAGNA

L'ALGORITMO DELL'INVENTORE

Come Stimolare Nuove Idee e Inventare Prodotti di Successo attraverso il Metodo dell'Algoritmo Inventivo

Titolo

"L'ALGORITMO DELL'INVENTORE"

Autore

Giuseppe Carfagna

Editore

Bruno Editore

Sito internet

http://www.brunoeditore.it

Sommario

Introduzione

La domanda che sicuramente qualche volta ti sarai fatto è: «Sono capace di inventare cose nuove? Le mie idee possono funzionare? Come posso iniziare a svilupparle?» La risposta è stata molto spesso negativa, vero? Questo perché di fronte all'attuale sviluppo della scienza e della società ci sentiamo da un lato bersagliati da tante nozioni, informazioni e concetti; dall'altro non ci sentiamo in grado di acquisire e conservare tali informazioni, organizzarle in modo che siano utili per sviluppare idee nostre. È vero; inventare cose nuove è diventato sempre più difficile e spesso ci sentiamo persi nel grande mare del web, pullulante di idee, di nuovi prodotti e di nuovi processi. Si sente dire che inventori bisogna nascere. La verità scoperta da alcuni studiosi è invece un'altra.

La creazione di un'invenzione e la sua progettazione è, in sostanza, un atto creativo guidato dalla logica il che può sembrare una contraddizione: è noto infatti che il lobo sinistro del cervello sia maggiormente deputato a una funzione logica mentre il destro ai processi artistici e creativi. L'atto dell'inventare e del progettare richiede entrambe queste caratteristiche ma in modo tale che l'una non blocchi l'altra: devono lavorare in sinergia.

Ovviamente la progettazione di uno stesso oggetto svolta da più persone porta a risultati diversi, confermando che l'attività inventiva è tipicamente soggettiva, anche se in tal senso alcuni studi svolti in Russia (il poco conosciuto **metodo TRIZ**) hanno evidenziato la natura sostanzialmente convergente delle tecnologie (tecnici molto lontani fra loro possono proporre la stessa soluzione per un problema tecnologico).

Quindi, gli ultimi studi in tal senso ci confermano che **inventori si può diventare** con studio e dedizione ma soprattutto con buona volontà e con un buon metodo. Ma come fare per non sentirsi oppressi e schiacciati dall'abbondanza di informazioni e dalla incapacità di sviluppare nuove idee? Questo corso può aiutarti ad aprire la mente per individuare la strada grazie a un metodo lineare, semplice e facile da applicare che ho voluto chiamare con un termine solo apparentemente complicato: *algoritmo* *dell'inventore* o anche *metodo dell'algoritmo inventivo*. In realtà un algoritmo può essere visto come un metodo, una procedura, un diagramma di flusso di attività che devono essere seguite in un certo ordine per svolgere un compito e raggiungere un obiettivo.

Proprio questo cercherò di fare: guidarti passo per passo nel processo di sviluppo di un'idea cercando in tutti i modi di farti vincere la "sindrome del foglio bianco" insita in qualsiasi attività creativa finalizzata allo sviluppo di nuove idee e prodotti. Inoltre all'interno dell'algoritmo scoprirai il **segreto vincente dei progettisti e degli inventori** di importanti aziende internazionali come Intel, Samsung, Siemens e Unilever!

Come loro, anche tu potrai iniziare a sfruttare una straordinaria metodologia di innovazione sistematica: il *TRIZ Method*! L'utilizzo del TRIZ, in una ben precisa fase dell'algoritmo dell'inventore, potrà permetterti di individuare soluzioni immediate ai problemi inventivi che prima non vedevi e non immaginavi. Capirai che affinché un'idea possa diventare qualcosa di remunerativo per te, devi seguire un *metodo*, un *algoritmo*, in modo da non perderti d'animo durante lo sviluppo dell'idea e, soprattutto per vedere più piccola la "montagna" apparentemente insormontabile. Occorre quindi che impari a **suddividere i problemi difficili in una sommatoria di piccoli problemi più semplici**, in modo da poter trovare più facilmente la soluzione con minor sforzo. Ti consiglio di percorrere tutti i passi di questo corso e di applicare la procedura per lo sviluppo della tua idea scrivendo tutto in un editor di testo (ad esempio su un file Word®). Il risultato del processo evolutivo della tua invenzione deve essere una **relazione tecnica** che ti servirà per avere sempre a portata di mano i progressi che hai fatto nell'analisi della tua invenzione, e con qualche modifica potrà servirti anche per ricavarne la documentazione utile a presentare l'idea a futuri sponsor o acquirenti del brevetto.

Ogni argomento di questo corso necessiterebbe da solo di un intero libro per essere approfondito, quindi il mio obiettivo è di fornirti innanzitutto un percorso strutturato da seguire per stimolare in te la nascita di nuove idee attraverso quello che, come già detto, potremmo chiamare il *Metodo dell'Algoritmo Inventivo* e darti gli strumenti per portarle avanti senza aspettare che svaniscano dalla tua mente.

L'algoritmo che dovrai seguire è costituito dai seguenti passi:

- *passo 1*: imparare a individuare nuove esigenze di mercato e catturarle;
- *passo 2*: trovare l'ispirazione per lo sviluppo di nuovi prodotti e conoscere il più efficace e moderno metodo per diventare inventore anche senza sapere di esserlo;
- *passo 3*: imparare a riordinare e selezionare le idee da sviluppare, scegliendo quelle più valide e pianificando correttamente il loro sviluppo fino al brevetto;
- *passo 4*: conoscere i segreti più efficaci per proteggere le tue idee e non fartele rubare.

Sia che tu voglia diventare un progettista di successo o semplicemente un inventore in grado di produrre risultati tangibili, questo è il giusto corso per iniziare la tua formazione tecnica! Allora non posso che augurarti buona lettura e buone invenzioni!

Giuseppe Carfagna

CAPITOLO 1:

Come individuare le nuove esigenze

L'innovazione tecnologica e come diventarne attore

Avrai sicuramente sentito parlare di *innovazione tecnologica*, soprattutto in televisione o alla radio, in un contesto di tipo economico. In effetti, l'innovazione è un meccanismo dalle eccezionali conseguenze: oggi dovremmo parlare di innovazione tecnologica sostenibile, cercando di circoscrivere le innovazioni a quelle realmente utili per la crescita "sostenibile", nel tempo e nello spazio, della società, della tecnica e della qualità della vita di ciascuno di noi su questa terra.

Innovare vuol dire trovare nuovi modi per soddisfare i bisogni (ciò che a volte, coincide anche con il trovare nuovi bisogni da soddisfare, basti pensare ai telefoni cellulari, ai social network ecc.), arricchendo il prodotto con il valore aggiunto della creatività e dell'invenzione. In realtà è una strada difficile da percorrere perché vi sono inerzie psicologiche da vincere, e spesso entra in gioco la cultura, la tecnica dell'inventore e la sua creatività, finora messa in secondo piano perché «si è sempre fatto così, va bene e costa poco». Questo è ciò che accade nella maggior parte delle PMI (piccole e medie imprese) italiane.

L'innovazione scatena l'istinto creativo e apre le nostre menti a potenzialità sconosciute rendendoci protagonisti del progresso. Ma innovare non è semplice. Gran parte delle idee che sembrano innovative non evolvono in nuovi prodotti di successo sul mercato. Molti studi, eseguiti su numerose aziende, mostrano che il successo arriva solo per alcune idee. Infatti, si è soliti rappresentare il processo di innovazione come un imbuto nel quale entrano numerose potenziali idee, ed escono solo pochi prodotti che sono riusciti a superare le fasi del processo di sviluppo.

L'imbuto dell'innovazione non deve spaventarti perché esso vale per le aziende di un determinato settore per ottenere un grande successo sul mercato. A te possono bastare pochissime idee per ottenere un vantaggio, per esempio vendendo la tua idea a un'azienda, oppure incassando i diritti per l'utilizzo di essa. Non devi fare altro che cercare di dare spazio alle tue idee e registrarle dopo averle valutate.

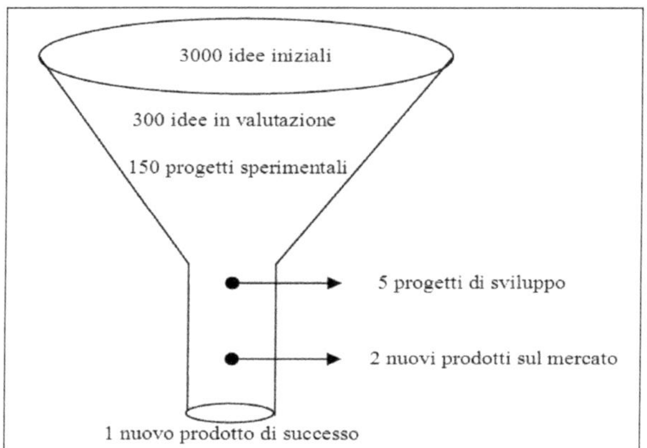

Figura 1 – Il processo innovativo può essere rappresentato con un imbuto

Ma come puoi far parte di questo meccanismo che produce innovazione e fare in modo che questo possa andare a tuo vantaggio? Certamente, più stimoli la tua creatività e più riesci a ottenere risultati perché la tua quotidianità diventa occasione per il processo creativo. Questo significa che un buon metodo da solo può portarti a diventare un buon inventore, anche se non hai particolari caratteristiche innate.

SEGRETO n. 1: un buon inventore per essere tale deve avere un *metodo*. Anche se non sei un creativo eccezionale, se hai

metodo potrai rimanere stupito da ciò che riuscirai a fare.

Un'idea può diventare un'invenzione e quindi diventare per te una potenziale fonte di vantaggi (denaro, notorietà, affermazione professionale ecc.), solo se utilizzerai un metodo per analizzarla, trasformarla e potenziarla. La maggior parte delle idee, infatti, così come arriva, sparisce a causa di vari motivi. Certamente se per natura hai una tendenza alla creatività, questa può produrre idee con più facilità, ma senza un metodo, difficilmente possono portarti un vantaggio o un risultato tangibile.

Un buon metodo può essere l'**algoritmo** (un percorso strutturato) che andrò a descriverti nei vari capitoli di questo corso, che dovrai seguire senza saltare da un capitolo all'altro. Come iniziare a far parte del processo innovativo? Inizia a mettere in pratica questi **piccoli segreti** che possono avere **grandi effetti**:

- *da domani non sabotarti più da solo*: pensa che anche tu puoi creare idee di successo. Anzi inizia oggi;
- *da oggi conosci l'imbuto dell'innovazione.* Non spaventarti di esso perché per l'inventore, le proporzioni legate al successo (inteso in senso generale) sono molto più piccole. A me sono

bastate poche idee per affermarmi professionalmente come progettista. Comincia a darti da fare per sviluppare nuove idee. Più ne hai, meglio sarà;

- *non far sparire le idee con la stessa velocità con cui sono nate*! Registrale su un taccuino che porterai sempre dietro. Oggi la disponibilità di smartphone e tablet rende ancora più semplice la registrazione delle idee nel momento in cui compaiono! Usa la tecnologia a tuo vantaggio;
- *essere inventori e far fruttare le proprie idee può essere semplice se si ha un metodo*, ma **occorre volontà e pazienza**. Non si ottiene il successo in una settimana;
- *comincia a guardare da un altro punto di vista* gli oggetti che usi quotidianamente. Cerca di essere curioso e chiediti qual è stato il processo mentale che ha portato al concepimento di quel determinato oggetto;
- *da domani porta sempre con te una macchina fotografica digitale*. Ormai se ne trovano di molto piccole e a costi davvero ridotti. Non servono elevate risoluzioni o zoom ottici di alta qualità. È stupefacente quanto sarà utile per catturare e conservare oggetti, idee, punti di vista ecc. che potranno servirti per il tuo processo creativo;

- *inventati per prima cosa dei nuovi problemi o bisogni*: spesso le invenzioni sono la soluzione semplice di nuovi problemi e bisogni creati di proposito;
- *comincia a sfogliare riviste tecniche* che ti aprono la mente riguardo le soluzioni già sviluppate da altri inventori e progettisti. Per esempio *Progettare* edito da Fiera Milano Media S.p.A. (http://www.ilb2b.it/meccanica) oppure *Il Progettista Industriale* edito da Tecniche Nuove Editore (http://www.tecnichenuove.com/riviste/index.html);
- *se puoi, frequenta fiere di settore*: sono migliaia le novità che puoi trovare e che possono stimolare ulteriori idee nella tua mente. Frequenta persone creative;
- *non pensare che il processo creativo debba nascere disordinatamente dentro di te*. È invece molto importante che il processo creativo nella tua mente si basi su un approccio strutturato e algoritmico allo sviluppo di nuove idee per la risoluzione di problemi inventivi. Quindi, segui questo percorso e applica ordinatamente i passi descritti;
- *utilizza un file word per descrivere tutti i passi che segui*. Rappresenterà un "canovaccio" del tuo percorso da inventore che ti permetterà di avere sempre a disposizione

considerazioni fatte in precedenza, calcoli e brevi dimensionamenti, schizzi ecc. Questo documento diventerà la **relazione tecnica** della tua invenzione e ti sarà più facile derivare da essa la documentazione che sarà necessaria presentare per brevettare la tua invenzione.

Semplicità e genialità

Ti sei mai chiesto perché i prodotti di grande successo nascono da idee piccole e semplici? A volte guardando e utilizzando un piccolo e semplice oggetto avrai sicuramente pensato: «Incredibile, questo oggetto è così semplice eppure lo utilizzo quotidianamente! E come me, moltissima altra gente! Il suo inventore avrà fatto molti soldi! Come ho fatto a non pensarci prima io?» Proprio così, oggetti semplici che svolgono funzioni semplici ottengono grande diffusione e grandi risultati commerciali.

SEGRETO n. 2: negli oggetti utilizzati nella quotidianità da molte persone puoi trovare la chiave del tuo successo.

Il principio della semplicità sembra scontato, ma i più grandi tecnici e scienziati del mondo concordano sul fatto che le loro più grandi invenzioni siano nate da pensieri semplici, osservando cose semplici e ragionando liberi da ogni complessità.

La ragione è che *semplice* significa *funzionale*, facile da costruire, facile da usare. Chi lavora nella progettazione e nel business, al contrario sembra adorare la complessità: quante volte in un ufficio tecnico accade che si parta da un'idea semplice, ma che questa non faccia in tempo ad affermarsi senza che i tecnici, gli esperti, o chi ha l'esperienza, facciano di tutto per renderla molto più complicata. Una sorta di auto-sabotaggio molto frequente soprattutto fra chi ha svolto studi approfonditi su certi argomenti.

Ma perché la semplicità sembra essere il baluardo del successo nel marketing di prodotti, e in generale nel business? La risposta più corretta si trova nel costo connesso alla complessità. Un maggior numero di componenti in un dispositivo porta a più alti costi di assemblaggio, a un numero di pezzi di ricambio più grande, a una maggior probabilità che qualche componente si rompa (quel che non c'è non si rompe!). Ciò che è semplice e standardizzato è sicuramente molto più produttivo e meno costoso. In termini di funzionalità, è meglio che un componente svolga una sola funzione, al massimo due: quante più funzioni svolge un componente, tanto più complessa è la sua progettazione.

Nel business, un'organizzazione semplice e snella è la migliore per vendere sempre, anche in periodo di crisi: non è solo un problema di dimensioni del team ma di interazione fra le persone che cresce in complessità e difficoltà. Nelle organizzazioni v'è una generale tendenza all'incremento della complessità, soprattutto in quelle molto grandi e con una gerarchia ramificata; ciò porta a risultati sempre meno proporzionali agli sforzi che l'organizzazione compie; tutto questo a causa di inefficienze e sprechi dovuti alla complessità. Nella comunicazione i messaggi più corti e semplici sono quelli che colpiscono maggiormente chi li riceve.

SEGRETO n. 3: studia e approfondisci il principio 80/20. Rimarrai impressionato da come esso può guidare le tue scelte e migliorare i risultati ottenuti in ogni ambito della tua vita.

Il principio 80/20, noto a molti operatori di business, può aiutare a identificare la strada giusta per trovare le soluzioni più semplici. Tale principio, nella sostanza, afferma che un piccolo numero di cause, input e sforzi porta in generale alla maggior parte dei risultati; cioè che l'80% delle conseguenze proviene dal solo 20% delle cause; ovvero che l'80% dei risultati positivi si ottiene dal 20% degli sforzi che ognuno di noi compie.

In conclusione come puoi fare per evitare la complessità? Ecco un elenco di consigli che dovrai sempre tenere a mente mentre crei e trasformi nuove idee ma, soprattutto, mentre le sviluppi! Infatti, è proprio nella fase razionale dello sviluppo dell'idea che comincerai inevitabilmente a sabotarla contaminandola con la complessità:

- *guarda sempre con curiosità la natura*: è la miglior progettista di cose semplici;
- *fai svolgere al componente una funzione sola*, al massimo due. Oppure una sola alla volta;
- *cerca attività quotidiane semplici che potresti migliorare* sviluppando oggetti costituiti da pochissimi componenti. La gran parte dei componenti che concepirai sarà spesso inutile,

quindi semplifica;

- *solo una piccola minoranza di parti e di funzioni è utile*. Il valore aggiunto fornito dalla tua invenzione deve essere misurabile e deve essere ottenuto con il minimo dei costi;
- *non accontentarti della prima soluzione che ti viene in mente*: probabilmente è efficace, ma non è efficiente. Pensaci su qualche giorno e schizza soluzioni alternative mentre sei rilassato oppure nei tempi morti della giornata;
- *standardizza il più possibile le parti* di cui è fatto il tuo progetto: usa le stesse viti e rondelle, cerca di utilizzare lamiere di uguale spessore;
- *rendi modulare la tua idea* in modo che possa essere adattata a vari contesti e diverse esigenze;
- *se non sai affrontare da solo le problematiche tecniche* per trasformare una tua idea in un prodotto di possibile successo, *fatti aiutare*! L'outsourcing è una soluzione molto valida per ridurre complessità, costi e, soprattutto, perdite di tempo.

Individuare nuove esigenze

Come puoi individuare nuove nicchie e potenziali esigenze future? Il passo più importante che puoi fare per la ricerca di nuove esigenze è studiare il mercato, cioè guardarti intorno ma con occhi diversi partendo da ciò che già esiste e da ciò che gli altri fanno ogni giorno. Un esempio è provare a fare le cose al contrario. Puoi provare a risolvere problemi quotidiani in modi diversi, invertendo l'ordine delle cose, per risolvere un problema ma anche per crearne di nuovi.

Da semplici e a volte improvvise intuizioni quotidiane possono nascere grandi invenzioni. È il caso della pellicola *Polaroid*: nel 1932 il ricercatore Edwin H. Land scattò una foto alla figlia che gli chiese: «Papà mi fai vedere subito la foto?» Dal quesito posto da sua figlia nacque nella mente del ricercatore, l'idea di sviluppare un sistema per ottenere fotografie visibili subito dopo lo scatto. Dopo molti studi e test riuscì a brevettare un sistema di sviluppo immediato dell'immagine, che rivoluzionò il mondo della fotografia! Altro esempio è l'invenzione della penicillina, scoperta per un caso fortuito dal professor Alexander Fleming mentre era intento a svolgere attività di ricerca: egli osservò infatti uno strano fenomeno: una muffa contaminante esercitava un'azione di inibizione sulla crescita e sulla moltiplicazione di alcuni batteri messi in coltura presso il suo laboratorio.

L'intuizione di Fleming non suscitò interesse immediato nella comunità scientifica; solo nel 1941 il nuovo farmaco, messo a punto, fu sperimentato con successo e valse il premio Nobel per la medicina a Fleming.

Da queste due storie, puoi capire che, spesso, le tue idee possono arrivare all'improvviso, mentre stai facendo altre cose durante la giornata. Certamente, più esplori ciò che ti sta intorno e più hai occasione di sperimentare fenomeni, fatti, persino errori, che possono portarti a nuove intuizioni.

SEGRETO n. 4: non avere timore di fare errori! Sperimenta cose nuove, esplora nuovi ambienti, conosci persone nuove. Più esplori più cresce la tua intuizione e aumentano le probabilità di interconnessioni.

Potresti obiettare che la penicillina può inventarla solo un professore di batteriologia. Forse è vero, ma quanta fortuna hanno avuto oggetti più semplici e alla portata di qualsiasi inventore, come la penna a sfera o le scarpe che fanno respirare il piede semplicemente ricavando dei fori nella suola? Inventare è alla portata di tutti. Ciò che distingue poi l'insuccesso dal successo è la fase della messa in pratica, ma in questo puoi farti aiutare da un tecnico, da un amico che si intende di progettazione, oppure rivolgerti a una società che opera nel settore dei brevetti e dei marchi.

Liberare la tua creatività

La maggior parte delle persone pensano al concetto di creatività come a un'espressione puramente artistica. Altri chiudono il concetto di creatività all'interno di slogan limitanti: «Creativi si nasce, si tratta di una dote innata!» Al contrario, *la creatività è un'abilità che puoi acquisire con studio e dedizione*, per produrre nuove idee e creare valore nuovo. In pratica, puoi essere creativo quando sei in grado di generare delle soluzioni originali e innovative rispetto alla prassi ricorrente. Sei capace di anticipare dei problemi non ancora affrontati e risolverli. Sai affrontare problemi poco chiari e definiti oppure in una forma diversa. Sei capace di sfruttare le opportunità che si mostrano utilizzando approcci originali.

Si può diventare creativi? Una cosa è ormai nota agli studiosi: la creatività non è una dote innata, bensì un mix di qualità e caratteristiche che possono essere acquisite. Occorre, pertanto, avere un metodo, una procedura da seguire, e mettersi in testa che inventare cose nuove è un processo che richiede impegno perché il percorso può essere costellato di prove, esperimenti, correzioni, errori e fallimenti. Per fortuna oggi la disponibilità di software specialistici per la progettazione permette all'inventore di testare le soluzioni in ambiente virtuale, limitando molto i costi delle prove.

SEGRETO n. 5: spirito di osservazione, studio, e allenamento possono portarti a diventare una persona creativa quel tanto necessario per essere in grado di inventare.

Devi capire che la creatività può essere sviluppata e migliorata, ma ciò che fa la differenza fra un'idea buona e decine di altre idee è la fase di approfondimento che segue la nascita dell'idea embrionale. Molti credono che sia sufficiente avere tante idee. In realtà possono bastarne anche poche e buone, ma devono essere seguite da una grande volontà di partire con lo studio di esse, in particolare con:

- *la valutazione dell'originalità* e il valore aggiunto che forniscono agli utenti. La valutazione dei bisogni che vanno a soddisfare. Lo studio dei possibili sbocchi reali che si possono ottenere;
- *lo studio della profittabilità di esse.* La scelta ponderata di quelle che possono portarti più facilmente al successo (vedi più avanti il *Metodo della Matrice delle Scelte*).

La prima promessa che devi farti è che qualsiasi idea ti venga in mente sicuramente la valuterai, e se passerà il filtro della tua autocritica passerai senza nessun freno all'azione, cominciando a scrivere su un file word tutto quello che ti salta in mente riguardo all'idea. Questo file lo userai anche per appuntarti gli studi, le analisi, i brevi calcoli che farai per sviluppare l'invenzione. Da questo documento potrai estrarre la *Relazione Tecnica dell'Invenzione*, che servirà per produrre la documentazione brevettuale e per sottoporla a chi potrebbe sponsorizzarla o acquistarla.

La seconda promessa che devi farti è essere disposto a fallire almeno una volta. Infatti non si può essere formidabili inventori senza essere disposti ad accettare il rischio di un fallimento, soprattutto se l'invenzione è audace o rivoluzionaria.

La terza promessa è legata allo sviluppo di una capacità di registrazione dei fatti che a molti manca totalmente per via della pigrizia. Le idee vanno e vengono. Devi essere bravo a catturarle appena arrivano.

Fatte queste promesse, è arrivato il momento di rimuovere i freni alla tua creatività. Spesso accade che la nostra mente sia immersa nella rigida quotidianità, pertanto la nostra creatività è frenata. Devi assolutamente chiederti se il tuo atteggiamento mentale sia aperto al pensiero creativo oppure no. I più forti freni che inibiscono la tua creatività sono legati a tre aspetti: blocchi di ordine emotivo (sono legati alle sensazioni di disagio che puoi provare quando esci dalla tua area di controllo sicuro), blocchi di tipo culturale (derivano da condizionamenti che ti vengono imposti dalla tua stessa cultura), blocchi educativi e legati all'esperienza (ti bloccano perché legati all'esperienza pregressa e all'educazione ricevuta): devi eliminare assolutamente questi blocchi.

Come sbloccarli? Ecco alcuni consigli da seguire:

- *recupera il controllo che hai su di te*: devi importi abitudini di vita e di lavoro più sane, più rilassate;
- *dirigi la tua inventiva verso il settore che ami di più*: se manca la passione non riuscirai a inventare nulla di buono in un settore che non ami;
- *guarda le cose al contrario*, vai al lavoro in macchina passando per un'altra strada e non per la solita, prendi il treno o l'autobus e cerca di cogliere i segnali deboli che possono arrivarti dall'osservazione delle azioni degli altri;
- *imponi a te stesso di uscire dalle tradizioni* e dagli schemi classici, senza il timore di essere giudicato;
- *leggi qualsiasi cosa che non sia cronaca*: le biografie dei personaggi famosi, le notizie di scienza, riviste tecniche;
- *imponi a te stesso di pensare a qualcosa di nuovo almeno due volte a settimana*, per esempio il sabato mattina e la domenica sera; scrivi su un taccuino personale le tue idee;
- *pensa più cose e fai più attività contemporaneamente*: gli stimoli che ne conseguono possono interagire fra di loro fino a stimolare la formazione di nuove idee nella tua mente;
- *imponi a te stesso nuove sfide con obiettivi misurabili e*

raggiungibili: confrontati con problemi nuovi e con obiettivi ambiziosi ma raggiungibili, suddividendo il problema in sotto-problemi più piccoli e semplici;

- *impara a usare la fantasia per creare idee*, e la ragione per iniziare a svilupparle;
- *studia almeno un software di progettazione* perché ti permetterà di vincere quella sgradevole sensazione di non poter mai vedere la "tridimensionalità" della tua invenzione. Il CAD 3D ti permetterà di costruire e modellare la tua invenzione in ambiente virtuale vedendola crescere di giorno in giorno.

Dopo questi imperativi, hai a disposizione i due strumenti seguenti su cui lavorare:

- *metodi di ricerca,* che vedremo in questo capitolo, e che ti permetteranno di vincere l'ansia del "foglio bianco" e rispondere ai quesiti: «Da dove partire?», «Esiste già qualcosa di simile?», «Ciò che ho ideato è una sciocchezza cui molti hanno già pensato?»;
- *metodi di risoluzione di problemi inventivi.*

Come inventore puoi avere una leva moltiplicativa eccezionale dallo studio di ciò che già esiste. Ti permette di allenare la mente e fare associazioni concettuali fra argomenti e settori anche molto diversi. I metodi di ricerca che hai a disposizione per fare questo sono: l'osservazione della natura e il suo modo di risolvere i problemi, la ricerca di mercato e la ricerca di anteriorità brevettuale.

Queste ultime due metodologie sono fondamentali per l'inventore perché permettono di chiarire dove si vuole andare, che cosa hanno fatto gli altri nei medesimi settori, cosa già esiste sul mercato, cosa è già stato inventato e cosa è possibile migliorare.

Impara osservando la Grande Maestra

Da sempre la natura ci mostra le sue meraviglie ma, da quando la scienza ha permesso di indagare meglio sia nel microscopico che nel macroscopico, le geometrie naturali hanno mostrato tutta la loro ricchezza di forme perfettamente funzionali e con lo scopo di risolvere problemi inventivi. Dalla natura puoi imparare grandi cose! Fino a poco tempo fa si pensava che le strutture naturali, casuali, imprecise e disordinate come la forma dei fiori, delle nuvole, delle colline, fossero non interpretabili con regole matematiche solo perché non erano descrivibili con le regole della geometria classica.

Oggi è noto agli scienziati che le strutture naturali si rifanno ai *frattali* (termine coniato dallo scienziato Mandelbrot nel 1979) modelli matematici semplici e ricorsivi che riescono a rappresentare il mondo reale. La geometria frattale è lo studio di forme composte da strutture ripetitive di base che ci permettono di descrivere le strutture naturali. Un esempio molto semplice di frattale naturale è la forma dei broccoli!

Figura 2 – Complessità e semplicità delle forme naturali di crescita dei broccoli: la teoria dei frattali

Lo strumento per l'interpretazione dei fenomeni naturali è la *teoria del caos*, disciplina oggi studiata in quanto le regole analitiche della scienza classica non riescono a descrivere gli aspetti irregolari e incostanti della natura. Il caos non è confusione, irregolarità, ma è semplicemente complessità: il caos è comunque dotato di un ordine di cui la geometria frattale può dare una descrizione. Partendo da queste osservazioni molti inventori, tecnici, ingegneri e progettisti di oggi si ispirano, per esempio, alle forme naturali e la stessa cosa puoi fare tu osservando con spirito critico e raccogliendo informazioni (anche scattando una semplice fotografia) sulle quali riflettere successivamente. Architetti e progettisti di strutture civili cominciano a ispirarsi a forme naturali. A Barcellona Antoni Gaudì ci ha lasciato numerose forme costruttive che si ispirano alla natura.

Anche gli inventori e i progettisti del settore automobilistico si ispirano alle forme naturali. La famiglia *Ostraciidae* (dalla parola greca *ostrakon*, conchiglia) comprende 25 specie di pesci d'acqua salata, conosciuti principalmente come "pesci scatola" o "pesci cofano", appartenenti all'ordine *Tetraodontiformes* (v. su wikipedia). Questi pesci hanno la caratteristica abbastanza esclusiva di possedere uno scheletro osseo esterno (chiamato *carapace*) che protegge le parti interne dell'organismo. Questa struttura ossea è rigida e resistente, con poche aperture solo per occhi, bocca, coda e pinne. Questa struttura può suggerire ai progettisti le forme da utilizzare per la progettazione di scocche per autovetture in grado di proteggere gli occupanti a bordo.

Sia la corazza esterna, sia il rivestimento di Ostraciidae, sia le ossa e le strutture di altre creature mostrano come *la natura raggiunga la massima resistenza e/o rigidezza con il minimo impiego di materiali.* Proprio queste strutture hanno ispirato i ricercatori di DaimlerChrysler, i quali hanno sviluppato un sistema computerizzato per il trasferimento dei principi di crescita naturali nell'ingegneria automobilistica. Quindi, non dimenticare mai di osservare la natura e, soprattutto, chiediti sempre *perché* essa ha risolto in questo modo o nell'altro quel particolare problema *naturalmente.*

I grandi vantaggi di una buona ricerca di mercato

Quali altre fonti puoi utilizzare per migliorare il tuo spirito critico e stimolare nuove associazioni nella tua mente? Come partire con la formulazione della tua idea? La seconda fonte per partire con una marcia in più è svolgere una buona *ricerca di mercato*. Potrà sembrarti strano, ma partire da qualcosa che già esiste, ti permette di conoscere lo stato dell'arte attuale e, quindi, di fare più facilmente passi avanti.

SEGRETO n. 6: non sentirti sminuito se ti ispiri a ciò che già esiste e che è stato fatto da altri: non stai copiando. Stai solamente studiando soluzioni già funzionanti per partire dall'attuale stato dell'arte e far progredire la conoscenza umana migliorando ciò che già esiste.

L'analisi di mercato riveste un'importanza strategica fondamentale. Occorrerà analizzare:

- *come funziona il mercato* in cui vorrai presentare il prodotto che deriverà dalla tua idea (anche se poi non lo svilupperai tu ma lo farai sviluppare ad altri vendendo il tuo brevetto, per esempio);
- *gli attuali produttori* (chi sono gli attuali concorrenti e che tipologia di prodotto, simile alla nostra idea, stanno commercializzando);

- *la tecnica celata dietro i prodotti simili* (che tecnologia usano e quali metodi). Potresti comprare un prodotto della concorrenza e studiarlo nei minimi dettagli. È così che fanno le aziende per conoscere le tecnologie dei loro concorrenti;
- *i materiali impiegati* (quali materiali hanno utilizzato per le parti esterne ed interne? Hanno usato materiali compositi? Leghe leggere?);
- *i fornitori strategici* (quali sono i potenziali fornitori di informazioni, know-how ecc.);
- *l'ampiezza del mercato coperto* (a chi si rivolgono i produttori concorrenti);
- *quali sono le strategie di prezzo* utilizzate;
- *quali sono i punti di forza e di debolezza* dei prodotti attualmente esistenti sul mercato;
- *qual è il valore aggiunto che la tua invenzione può dare* all'utente (quali margini hai per migliorare la funzionalità del prodotto con la tua idea);
- *che forme, che colori, che finiture superficiali,* che sensazioni al tatto, hanno i prodotti della concorrenza;
- *i prodotti già esistenti e la loro leggerezza* (possono essere più leggeri, più ergonomici, più semplici da usare ecc.).

Occorrerà inoltre individuare il target di mercato a partire dal mercato globale di riferimento, fase fondamentale soprattutto nel settore dei prodotti di largo consumo. Per esempio, se la tua idea coinvolge un prodotto utilizzato dai giovani, dovrai capire se è per tutti i giovani oppure per una determinata nicchia di appassionati. Oppure capire se è per i giovani che praticano sport sul mare o in montagna (aspetto "geografico" dell'individuazione del target). Tutto ciò che hai potuto catturare sui prodotti della concorrenza, che risultano simili a ciò che vuoi sviluppare tu, deve essere messo per iscritto in una relazione tecnica. Tutti i punti più importanti che abbiamo fin qui elencato andranno descritti in una relazione, in questo modo avremo sempre sotto controllo i punti fermi da seguire che, quindi, ci faranno da guida durante lo sviluppo dell'idea.

SEGRETO n. 7: scrivi la tua relazione tecnica. Comincia da subito cioè dalla ricerca di mercato, evidenziando, per ogni prodotto individuato, i pregi e i difetti, i punti di forza e di debolezza e le caratteristiche che vorresti migliorare.

L'analisi di anteriorità brevettuale

Dal punto di vista dell'inventore, la salvaguardia della propria invenzione deve partire dalla ricerca preliminare della risposta alla seguente domanda: «Esiste già l'oggetto che vorrei brevettare oppure la soluzione che vorrei sviluppare?» Se hai già analizzato il mercato dei prodotti ai quali può essere ricondotta la tua idea (mediante la ricerca di mercato), allora hai eseguito una prima verifica dell'inesistenza di prodotti simili che già contengono la tua idea. Hai anche verificato come i prodotti concorrenti simili soddisfino le aspettative del cliente e quali sono i punti di forza e di debolezza. Ma la ricerca non termina qui. Dopo aver eseguito l'analisi è necessario effettuare l'*Analisi di Anteriorità Brevettuale*, cioè uno studio volto alla ricerca di soluzioni simili o uguali alla nostra, già inventate e brevettate.

Queste informazioni non emergono dalla ricerca di mercato perché molte idee e relativi prodotti possono essere stati inventati e brevettati ma non ancora costruiti e commercializzati.

SEGRETO n. 8: non pensare di trascurare la fase di analisi di anteriorità brevettuale per il solo fatto che potrebbe costarti

denaro: oggi puoi farla su internet. Devi assolutamente farla.

L'analisi di anteriorità brevettuale puoi farla autonomamente, almeno in prima approssimazione, utilizzando dei database sul web che vedremo fra poco. Ma se la tua invenzione è davvero degna di essere brevettata, prima di dedicare tempo e soldi allo sviluppo di essa, ti conviene rivolgerti a uno studio tecnico di brevetti e marchi o a un professionista esperto, che possa fare verifiche più approfondite anche in database internazionali con accesso a pagamento. Un risultato fondamentale della ricerca di anteriorità è rappresentato dai *brevetti di invenzione industriale* o dai *brevetti di modelli di utilità* che possano essere simili o ricondotti al tema della tua idea. Il brevetto consiste in un diritto di proprietà intellettuale, rilasciato all'inventore da un organismo autorizzato (l'*Ufficio Brevetti del Ministero delle Attività Produttive*, o l'*Ufficio Europeo Brevetti*) che consente lo sfruttamento commerciale esclusivo dell'invenzione per un tempo limitato, generalmente per vent'anni.

In sostanza un brevetto è un diritto esclusivo, garantito dallo Stato, in forza del quale viene conferito un monopolio temporaneo di sfruttamento della tua invenzione suscettibile di applicazione industriale. Infatti, l'Art. 45 del Codice della Proprietà Industriale (C.P.I.) indica che «*possono costituire oggetto del brevetto per invenzione le invenzioni nuove che implicano un'attività inventiva e sono atte ad avere un'applicazione industriale*». I brevetti sono rilasciati ad aziende, individui e ad altre organizzazioni, a condizione che i ritrovati siano leciti, nuovi, che implichino un'attività inventiva e che siano idonei per avere un'applicazione industriale. Se da una parte lo Stato può riconoscerti qualità come inventore un uso esclusivo dell'invenzione al fine di incentivarti a investire tempo e risorse nell'attività creativa e nello sviluppo di essa, dall'altra parte deve rendere pubbliche le informazioni relative all'invenzione così che, alla scadenza del brevetto, questa possa essere a disposizione dell'intera collettività.

In pratica il brevetto non può bloccare il progresso tecnico della collettività. Per questo motivo il tempo che hai a disposizione per vendere il brevetto o svilupparlo in proprio, è sempre più prezioso. L'archivio brevettuale mondiale rappresenta una ricchissima risorsa per qualunque progettista. Tant'è che il metodo *TRIZ, Teoria per la Risoluzione dei Problemi Inventivi* (sviluppato in Russia dall'Ing. Altshuller) è basato proprio sullo studio critico di migliaia di brevetti. Le più importanti fonti per lo sviluppo di TRIZ sono state proprio i brevetti e le informazioni tecniche. Al momento gli studiosi TRIZ hanno analizzato qualche milione di brevetti che rappresentano circa il 10-15% di tutti i brevetti presenti nel mondo. Durante l'analisi dei brevetti provenienti da vari campi ingegneristici, Altshuller e più tardi altri esperti TRIZ, scoprirono che sistemi tecnici e processi tecnologici differenti evolvono nel tempo in modo simile.

Dove cercare i brevetti

Per effettuare un'indagine brevettuale sono disponibili alcuni database online, in parte a pagamento e in parte gratuiti. Per esempio il database gratuito dello *European Patent Office* (www.espacenet.com), oppure quello della *United States Patent and Trademark Office* (www.uspto.gov) e i database a pagamento *Goldfire Innovator*, *Patbase* e *Delphion.*

La procedura di ricerca dei vari database è molto simile; tutti permettono di effettuare lo screening inserendo una o più parole da ricercare nel titolo e/o nell'abstract, l'anno di pubblicazione, la società detentrice del brevetto, l'inventore e la classe brevettuale. L'EPO, con la collaborazione della *European Patent Organisation* e della European Commission lanciò nel 1998 *Esp@cenet*, un servizio online per la ricerca gratuita di informazioni riguardanti i brevetti. Con *Esp@cenet* è possibile effettuare la ricerca di brevetti tramite il *Worldwide Database*, che contiene brevetti provenienti da oltre 72 paesi del mondo, tramite l'*International Patent Classification* (IPC) oppure attraverso la *European Classification* (ECLA).

SEGRETO n. 9: Espacenet è probabilmente lo strumento più semplice ed efficace per iniziare a studiare la tua idea verificando cosa hanno inventato altri creativi.

Come eseguire l'analisi di anteriorità brevettuale

La teoria della progettazione indica fra le *best practices* da seguire per lo sviluppo ottimale e rapido di prodotti innovativi, la cosiddetta *ricerca di anteriorità*. Essa permette di svolgere un'ampia indagine sullo stato dell'arte già ideato nel settore oggetto dello studio, ma anche su tecniche, tecnologie e prodotti non ancora commercializzati. Le modalità di ricerca dei brevetti possono essere molto diverse. Si può iniziare dall'Ufficio Brevetti e Marchi Nazionale (www.uibm.gov.it). Nella sezione "Servizi all'utenza" sono offerte numerose possibilità di approfondimento. In particolare nella sottosezione "Dati nazionali" è possibile consultare i brevetti italiani depositati. Chiaramente il sito dell'U.I.B.M. è solo il punto di partenza della tua ricerca: non potrai limitarti a questa fase. Dovrai approfondire lo studio estendendo la tua ricerca a database più grandi.

Figura 3 – Homepage del sito dell'Ufficio Italiano Brevetti e Marchi (U.I.B.M.)

La ricerca può essere effettuata per data di deposito, per autore e secondo molti altri criteri di ricerca avanzata.

Figura 4 – Porzione della sezione "Servizi all'utenza" nella home page del sito U.I.B.M.

Durante le ricerche che svolgi, tieni sempre aperta la tua relazione tecnica e, anche in questo caso, tieni traccia dei brevetti che possono interessarti, registrandoli nella relazione. Si può accedere alla scheda del brevetto per approfondirne le informazioni.

Ma se vuoi effettuare un'analisi di maggior approfondimento, una fra le più ampie e aggiornate raccolte di brevetti internazionali disponibile in rete è reperibile sul sito www.espacenet.com (database dell'Ufficio Europeo Brevetti). Questo URL, ad oggi rimanda al sito dell'EPO (European Patent Office) all'indirizzo http://www.epo.org/searching/free/espacenet.html.

Anche *Google Patents* è interessante (portale di Google specializzato nella ricerca brevettuale) ma *Espacenet* è più completo perché è un database mondiale e raccoglie anche centinaia di migliaia di brevetti italiani. Questo database, oltre ad essere gratuito, quindi utilizzabile da qualsiasi postazione internet, è di facile utilizzo e permette una ricerca rapida.

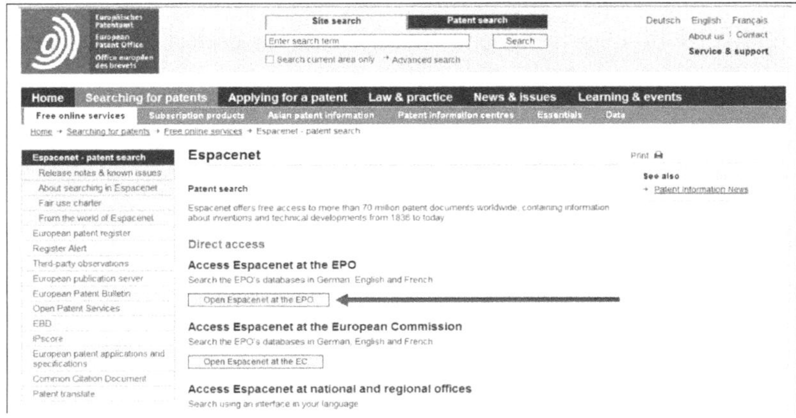

Figura 5 – Home page del database Espacenet

La ricerca può essere fatta selezionando il pulsante "Open Espacenet at the EPO" entrando nell'interfaccia di ricerca rapida. "Advanced Search" permette di accedere al database con modalità diverse e combinate.

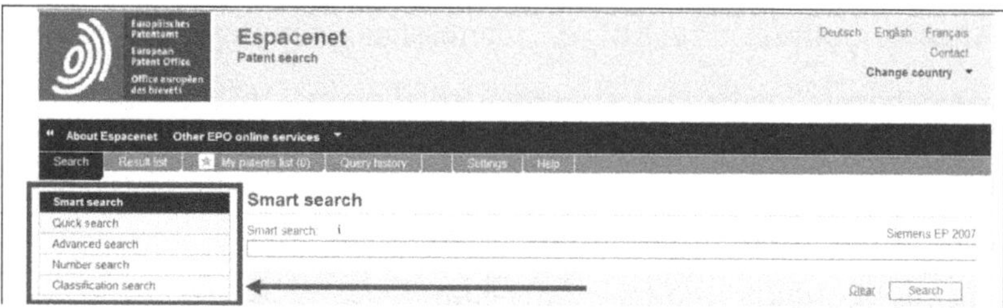

Figura 6 – Porzione del sito Espacenet: Opzioni di ricerca

La modalità di ricerca "*Classification Search*" ti permette di eseguire l'indagine brevettuale per settore. Sono previsti almeno tre livelli di classificazione, identificati da codici alfanumerici. Qui di seguito è mostrata una schermata di esempio di ricerca fra le classificazioni di primo livello (A, B, C, D, …).

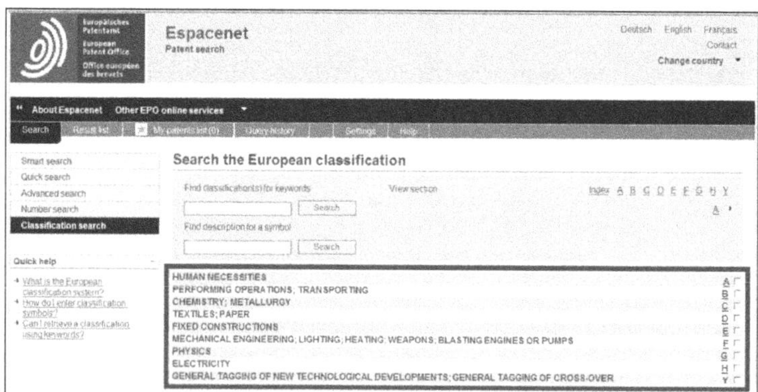

Figura 7 – Ricerca fra le classificazioni di livello 1

La classificazione procede con il secondo livello (F01, F02, F03 ecc.) e il terzo (F02B1 ad esempio).

I livelli successivi sono progressivamente più specifici e riferiti a settori che rappresentano branche diverse della tecnica, ma sempre riconducibili a discipline del livello immediatamente superiore.

MECHANICAL ENGINEERING;LIGHTING;HEATING;WEAPONS;BLASTING ENGINES OR PUMPS	F
COMBUSTION ENGINES (cyclically operating valves therefor, lubricating, exhausting, or silencing engines F01); HOT-GAS OR COMBUSTION-PRODUCT ENGINE PLANTS	F02
INTERNAL-COMBUSTION PISTON ENGINES;COMBUSTION ENGINES IN GENERAL (plants in which engines use combustion products F02C, F02G;internal-combustion turbines F02C) [M1204]	F02B
Engines characterised by fuel-air mixture compression (characterised by both fuel-air mixture compression and air compression, or characterised by both positive ignition and compression ignition F02B11/00 ; characterised by precombustion chambers F02B19/00 ; characterised by air-storage chambers F02B21/00 ; characterised by special shape or construction of combustion chambers F02B23/00)[C0901] [M1204]	F02B1
Engines characterised by air compression and subsequent fuel addition (characterised by both fuel-air mixture compression and air compression, or characterised by both positive ignition and compression ignition F02B11/00 ; characterised by precombustion chambers F02B19/00 ; characterised by air-storage chambers F02B21/00 ; characterised by special shape or construction of combustion chambers F02B23/00)[C0901] [M1204]	F02B3
Engines characterised by positive ignition (F02B1/02 , F02B3/02 take precedence; with non-timed positive ignition F02B9/06 ; characterised by both fuel-air mixture compression and air compression, or characterised by both positive ignition and compression ignition F02B11/00 ; characterised by precombustion chambers F02B19/00 ; characterised by air-storage chambers F02B21/00 ; characterised by special shape or construction of combustion chambers F02B23/00)[C0901]	F02B5
Engines characterised by the fuel-air charge being ignited by compression ignition of an additional fuel (characterised by both fuel-air mixture compression and air compression, or characterised by both positive ignition and compression ignition F02B11/00 ; characterised by precombustion chambers F02B19/00 ; characterised by air-storage chambers F02B21/00 ; characterised by special shape or construction of combustion chambers F02B23/00)[C0901]	F02B7
Engines characterised by other types of ignition (characterised by both fuel-air mixture compression and air compression, or characterised by both positive ignition and compression ignition F02B11/00 ; characterised by precombustion chambers F02B19/00 ; characterised by air-storage chambers F02B21/00 ; characterised by special shape or construction of combustion chambers F02B23/00)[C0901] [M1204]	F02B9
Engines characterised by both fuel-air mixture compression and air compression, or characterised by both positive ignition and compression ignition, e.g. in different cylinders (characterised by recombustion chambers F02B19/00 ; characterised by air-storage chambers F02B21/00 ; characterised by special shape or construction of combustion chambers F02B23/00)[C0901]	F02B11
Engines characterised by the introduction of liquid fuel into cylinders by use of auxiliary fluid [C0901]	F02B13
Engines characterised by the method of introducing liquid fuel into cylinders and not otherwise provided for [C0901]	F02B15
Engines characterised by means for effecting stratification of charge in cylinders	F02B17
Engines characterised by precombustion chambers (engines with incandescent chambers F02B9/08)[C0901]	F02B19
Engines characterised by air-storage chambers [C0901]	F02B21
Other engines characterised by special shape or construction of combustion chambers to improve operation (engines with incandescent chambers F02B9/08)[C0901]	F02B23
Engines characterised by using fresh charge for scavenging cylinders (aspects characterised by provision of driven charging or scavenging pumps F02B33/00 to F02B39/00)[C0901] [M1204]	F02B25
Use of kinetic or wave energy of charge in induction systems, or of combustion residues in exhaust systems, for improving	F02B27

Figura 8 – Classificazioni di livello 3

Proviamo ora a cercare i brevetti che si riferiscono ai motori di ricerca utilizzando la parola chiave *Engine* con la modalità di ricerca "Smart search". Una volta individuato il brevetto da visualizzare, potrai fare click sul titolo visualizzando la schermata dei dati ad esso relativi. Qui potrai reperire i riferimenti anagrafici del brevetto e una breve descrizione.

Sono indicati gli inventori designati (coloro cioè che detengono il diritto intellettuale) ma anche il beneficiario dell'invenzione (di solito una o più aziende, che godono del diritto di speculazione commerciale dei risultati industriali del brevetto). Seguono i codici di classificazione e l'*Application number*.

4. ADJUSTING A SPEECH ENGINE FOR A MOBILE COMPUTING DEVICE BASED ON BACKGROUND NOISE

Inventor:	Applicant:	EC:	IPC:	Publication info:	Priority date:
AGAPI CIPRIAN [US] BODIN WILLIAM K [US] (+2)	NUANCE COMMUNICATIONS INC [US]	G10L21/02A1	G10L15/20	US2012123777 (A1) 2012-05-17	2008-04-24

5. EXHAUST PURIFICATION SYSTEM FOR INTERNAL COMBUSTION ENGINE

Inventor:	Applicant:	EC:	IPC:	Publication info:	Priority date:
YASUI YUJI [JP] HASHIMOTO EIJI [JP] (+3)	HONDA MOTOR CO LTD [JP]	F01N3/20E4 F01N9/00	F01N3/10	US2012117954 (A1) 2012-05-17	2010-01-25

Figura 9 – Esito della ricerca su Espacenet utilizzando la keyword Engine (*motore*)

Selezionando il pulsante nel menù a sinistra *Original Document* si può visualizzare il contenuto completo del brevetto registrato e navigare in esso (il formato adottato è il pdf). Ogni brevetto è identificato univocamente da un codice a barre e dalla data di pubblicazione.

Per poter salvare il brevetto in formato pdf in modo da poterlo archiviare fra la documentazione di ricerca, occorre selezionare la voce "Download". La modalità "Mosaics" è molto utile per esplorare rapidamente i contenuti grafici del brevetto (disegni tecnici, schemi ecc.) e quindi decidere rapidamente se può interessarti. A questo punto è possibile salvare il documento completo in archivio.

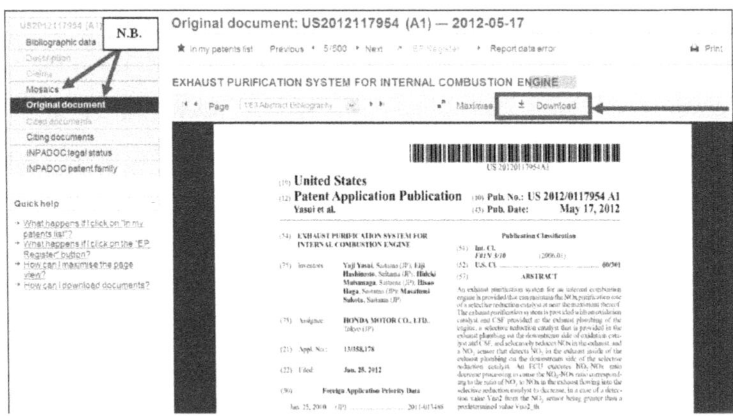

Figura 10 – Modalità di visualizzazione "Original Document"

Ricorda che la ricerca brevettuale è di fondamentale importanza per un inventore, e occorre svolgerla sempre all'inizio del processo di sviluppo dell'invenzione. Abbiamo visto come puoi eseguire una ricerca di anteriorità brevettuale autonomamente dal tuo computer. Ma c'è chi può effettuare questa ricerca per tuo conto con maggiori competenze? Puoi certamente affidarti a studi tecnici di consulenza brevettuale pagando un prezzo abbastanza variabile da una regione all'altra. Ma tieni presente che, in seguito alla presentazione della domanda di brevetto all'Ufficio Italiano Brevetti, verrà svolta una ricerca di anteriorità che solo qualche anno fa l'U.I.B.M. non eseguiva, lasciando in sospeso la verifica dell'esistenza di un'invenzione simile alla tua. Dal 2008 è attiva una convenzione tra il Ministero dello Sviluppo Economico e l'Ufficio Europeo Brevetti in base al quale quest'ultimo deve svolgere una ricerca di anteriorità per le domande di brevetto depositate presso l'Ufficio Italiano Brevetti e Marchi (UIBM).

Questa novità è molto importante perché oltre alle verifiche che potrai fare in autonomia, anche l'ente nazionale eseguirà una ricerca di anteriorità. Questa ricerca non veniva effettuata prima, infatti l'UIBM non valutava il contributo innovativo di una domanda di brevetto ma indagava solo su aspetti formali come, ad esempio, le corrette modalità di compilazione della modulistica. Ciò rendeva il brevetto italiano legalmente "debole" nel panorama internazionale, perché le caratteristiche di novità e originalità dell'invenzione non erano state verificate ufficialmente da nessun ente pubblico. Ora i costi della ricerca di anteriorità svolta dall'Ufficio Europeo Brevetti, che emetterà un Rapporto di

Ricerca (con il quale dimostrerà i risultati del processo investigativo e di come la nostra invenzione possa essere simile ad altre già registrate), è sostenuto dal Ministero.

SEGRETO n. 10: oggi, diversamente da qualche anno fa, anche l'UIBM effettuerà una ricerca di anteriorità brevettuale per valutare il contributo innovativo dell'invenzione che vuoi brevettare.

Ora che hai terminato la ricerca di anteriorità, utilizzando gli strumenti di ricerca visti e, magari, facendoti aiutare nell'ultima fase di revisione, da un tecnico esperto, è arrivato il momento di mettersi all'opera. Occorre prendere l'idea iniziale e sottoporla alla propria forza creativa per migliorarla, ma anche per trovare alternative valide che derivino dall'idea iniziale.

Puoi utilizzare metodi abbastanza classici ormai noti in letteratura tecnica, oppure avvalerti di un metodo ancora poco conosciuto, almeno in Italia, che deriva dagli studi di un progettista russo: si tratta del TRIZ (*Teoria per la Risoluzione dei Problemi Inventivi)*.

RIEPILOGO DEL CAPITOLO 1:

- SEGRETO n. 1: Un buon inventore per essere tale deve avere un "metodo". Anche se non sei un creativo eccezionale, se hai metodo potrai rimanere stupito da ciò che riuscirai a fare.
- SEGRETO n. 2: Negli oggetti utilizzati nella quotidianità da molte persone, puoi trovare la chiave del tuo successo.
- SEGRETO n. 3: Studia e approfondisci il principio 80/20. Rimarrai impressionato di come esso può guidare le tue scelte e migliorare i risultati ottenuti in ogni ambito della tua vita.
- SEGRETO n. 4: Non avere timore di fare errori! Sperimenta cose nuove, esplora nuovi ambienti, conosci persone nuove.
- SEGRETO n. 5: Spirito di osservazione, studio e allenamento possono portarti a diventare una persona creativa quel tanto necessario per diventare capace di inventare.
- SEGRETO n. 6: Non sentirti sminuito se ti ispiri a ciò che già esiste e che è stato fatto da altri: non stai copiando. Stai solamente studiando soluzioni già funzionanti per partire dall'attuale stato dell'arte e far progredire la conoscenza umana migliorando ciò che già esiste.
- SEGRETO n. 7: Scrivi la tua relazione tecnica. Comincia da subito cioè dalla ricerca di mercato, evidenziando, per ogni

prodotto individuato, i pregi e i difetti, i punti di forza e di debolezza e le caratteristiche che vorresti migliorare.

- SEGRETO n. 8: Non pensare di trascurare la fase di analisi di anteriorità brevettuale per il solo fatto che potrebbe costarti denaro: oggi puoi farla da te su internet. Devi assolutamente farla.
- SEGRETO n. 9: Espacenet è probabilmente lo strumento più semplice ed efficace per iniziare a studiare la tua idea verificando cosa hanno inventato altri creativi come te.
- SEGRETO n. 10: Oggi, diversamente da qualche anno fa, anche l'UIBM effettuerà una ricerca di anteriorità brevettuale per valutare il contributo innovativo dell'invenzione che vuoi brevettare.

CAPITOLO 2:
Come potenziare la tua creatività

La personalità creativa

Quali sono le caratteristiche di una personalità creativa? Tu hai queste caratteristiche? Oppure ce l'ha qualche tuo amico e tu, insieme a lui, puoi formare una squadra efficace perché siete complementari? All'interno di un team di amici inventori è possibile che si sviluppino più idee potenzialmente preziose? Nei team di sviluppo di un prodotto e nella ricerca scientifica è molto importante che i componenti del gruppo abbiano personalità differenziate, razionali, creativi e persone atte svolgere il ruolo di moderatori. Se hai amici intraprendenti e appassionati di tecnica, possono produrre grandi vantaggi alla squadra, ma possono causare anche qualche effetto collaterale.

Spesso le persone di creatività superiore hanno un brutto carattere. Per esempio si dice che Einstein, ripreso sempre in atteggiamenti bonari, calmo e simpatico, sia stato un genitore insopportabile e poco paziente con i figli. Le persone creative hanno per lo più un carattere difficile. Possono dimostrare bassa capacità di concentrazione, ma sono così veloci a capire che non occorre passare molto tempo con loro.

SEGRETO n. 11: se hai amici o colleghi stravaganti o che hanno un "caratteraccio", meglio così. Spesso dietro queste personalità si celano grandi inventori che non sono consapevoli di esserlo: conviene considerarli dei potenziali soci nel campo della creatività.

Tipici caratteri delle personalità creative sono:

- passione, intuito, sensibilità, entusiasmo, ottimismo, immaginazione, non fermarsi davanti alla derisione degli altri, capacità di ridere, rischiare e cambiare idea, avere l'abitudine a ragionare per analogie applicando metafore;
- saper cogliere "stratificazioni complesse di significato"; accettare, senza creare conflitti interni, gli aspetti sfaccettati della propria personalità; possedere capacità di sintesi e sensorialità (costante rilettura delle cose attraverso i sensi e l'emozione); avere curiosità e flessibilità; possedere libertà di pensiero e azione (trasgressività e anticonformismo);

- apertura alle sfide, soprattutto accettando il cambiamento continuo; non fermarsi alla prima soluzione comoda ma esplorare situazioni scomode o difficili, in cui è necessario fare delle scelte; alternare con profitto sia il riposo che l'azione; pensare sempre positivo e non temere l'irragionevolezza; trasmettere entusiasmo e farsi seguire;
- riuscire ugualmente a "capitalizzare" l'esperienza precedente anche se caratterizzata da numerosi insuccessi;
- saper coltivare l'intuito e la propria sensibilità ai segnali deboli per poter anticipare i cambiamenti: i tempi cambiano velocemente.

E tu possiedi alcune delle caratteristiche sopra menzionate? Se la risposta è *sì*, vorrà dire che sei già a metà dell'opera. In caso contrario, non pensare che sia impossibile avere inventiva, anzi: seguendo il percorso che ti sto indicando, puoi indirizzare tutta la tua iniziativa a raggiungere discreti obiettivi.

Lo studio della creatività è spesso svolto dagli psicologi (psicologia della creatività). Per molti anni si è pensato alla creatività come a una dote innata, tipica del "genio incompreso".

Nei paragrafi successivi si vedrà che con il metodo TRIZ la creatività è insita in ognuno di noi, e occorre conoscere un sistema che la sfrutti sistematicamente. Alcuni affermano che «con TRIZ inventori non si nasce, ma si diventa», e in effetti questa affermazione evidenzia una verità indiscutibile. L'innovazione spesso fallisce per ragioni ben conosciute eppure estremamente condizionanti. Solo un processo sistematico può aiutare un inventore a evitare gli ostacoli più diffusi.

La cosiddetta *inerzia psicologica* (la naturale tendenza a riferirsi a conoscenze pregresse), è controproducente quando si affrontano problemi inventivi. Anche se l'esperienza è un fattore importante nell'affrontare i problemi e trovare una soluzione, essa deve essere usata con giusta misura nell'affrontare problemi che hanno caratteristiche inventive.

SEGRETO n. 12: l'esperienza può non essere la vera chiave di volta del processo inventivo. Frequentemente accade che ingegneri di grande esperienza non riescano a trovare soluzioni nuove a problemi nuovi.

Metodi per stimolare la creatività

Nei decenni passati, molti sono stati gli studiosi che hanno messo a punto metodi atti a stimolare la creatività basandosi su un approccio di tipo psicologico e ritenendo che le capacità creative fossero legate esclusivamente a una scintilla psicologica che doveva essere attivata. Sono numerosi i metodi di attivazione e stimolo della creatività, ma per esperienza diretta sono due quelli che ti consiglio: uno è già ampiamente noto a molti tecnici (il metodo delle *Mappe Mentali*), l'altro rappresenta un vero asso nella manica (il metodo *TRIZ*).

Il metodo delle Mappe Mentali. La mappa mentale è, forse, il modo più semplice per orientare le tue intuizioni e dare una direzione al processo inventivo (come si fa quando si usa una bussola). Molto semplicemente, si tratta di un sistema grafico per esprimere e rappresentare idee e concetti. È uno strumento visuale che può aiutarti a dare una struttura visiva ai tuoi pensieri. Le mappe mentali ti permettono di analizzare, sintetizzare e generare nuove idee. La nascita delle mappe mentali è dovuta a Tony Buzan, noto cognitivista inglese. Mentre rifletteva su alcune tecniche per prendere appunti, Buzan sviluppò tale metodo, per poi scrivere un libro di grande successo, *Come realizzare le mappe mentali.*

Nelle mappe mentali le informazioni non vengono strutturate in modo lineare, ma il criterio con cui sono strutturate si avvicina molto al procedimento che fa il nostro cervello. Quando crei una mappa mentale, il tuo cervello viene stimolato dal punto di vista analitico (perché ragioni su cosa scrivere in base a ciò che precede nello schema) e da quello artistico (perché utilizzi lo schema visuale in quanto stai disegnando liberamente) attivando tutte le sue funzioni cognitive.

SEGRETO n. 13: usa le mappe mentali. Con esse puoi avere le idee sempre a portata di mano in un'unica pagina, puoi conservare il processo di sviluppo creativo su un foglio di carta cogliendo l'intuizione nel momento in cui arriva, senza possibilità che sfugga dalla memoria!

Puoi organizzare il tuo lavoro allenando la creatività e divertendoti. Le applicazioni delle mappe mentali sono numerose, e particolarmente utili per:

- studiare e memorizzare riorganizzando in schemi sintetici di una sola facciata, pagine e pagine di concetti anche noiosi;
- prendere appunti in maniera efficace e sempre interpretabile, pianificare le attività da svolgere;
- allenare la tua creatività associando concetti apparentemente divergenti;
- fare *brainstorming* da solo oppure con gli amici, o con i colleghi di lavoro durante una riunione;
- svolgere incontri con colleghi e collaboratori per sessioni di *problem solving*, ossia incontri per tentare di risolvere problemi tecnici che si presentano.

Ma come sviluppare una mappa mentale? Prendi un foglio bianco formato A4, ma sarebbe meglio un A3. Disponilo in senso orizzontale. Prepara matite colorate, foto, disegni e simboli utili al tuo scopo (matite e penne di vario colore possono già bastare). Devi cercare di essere sintetico nel descrivere le etichette che scriverai. Devi anche variare le dimensioni del carattere man mano che scendi al livello gerarchico inferiore. Puoi anche cambiare tipo di scrittura (corsivo, grassetto ecc.). Ecco qui di seguito com'è fatta una mappa mentale:

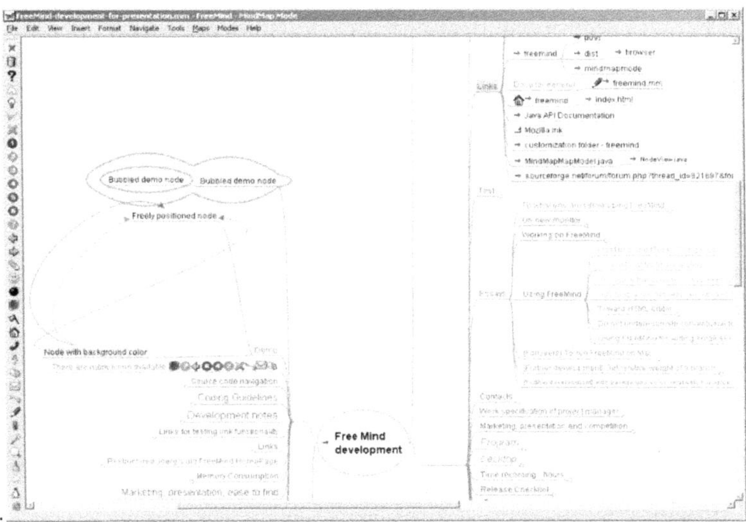

Figura 11 – La struttura libera di una mappa mentale realizzata con un software (fonte: http://freemind.sourceforge.net/wiki/index.php/Main_Page)

Ma come puoi partire per realizzare una mappa mentale disegnata a mano? Sul foglio, nel suo centro, puoi cominciare a disegnare una forma libera e all'interno scrivere l'idea che vuoi sviluppare. Quindi, procedi con il disegno di etichette riferite ai *sub-argomenti* che collegherai al disegno principale. Puoi ripetere lo stesso procedimento per i livelli successivi dei *sub-argomenti* e man mano che scendi di livello di dettaglio, cambiare dimensioni del carattere e colore. Sono oggi disponibili anche molti software che ti permettono di sviluppare mappe mentali con il computer, con l'iPad o con lo smartphone. Fra questi ti consiglio i seguenti:

- *iMindMap*: sviluppato da Tony Buzan l'inventore stesso delle mappe mentali. È gratuito per sette giorni, inoltre già è disponibile per iPhone e iPad;
- *MindManager*: puoi provarlo gratuitamente per un mese, è un programma ad uso professionale, con esempi disponibili per meglio apprendere l'utilizzo delle numerose funzionalità;
- *MindGenius*: in prova gratuita per un mese, ha il vantaggio di interfacciarsi con Office e Adobe PDF nonché altri word processor;
- *MindMeister*: è un programma che non richiede installazione di file sul computer. Puoi utilizzarlo direttamente dal web e visualizzarlo con il browser;
- *Xmind*: è un programma *open source* adatto per il brainstorming e la gestione delle mappe mentali, ma anche per sviluppare diagrammi di Ishikawa (con la tradizionale forma a spina di pesce), organigrammi e diagrammi ad albero. Viene utilizzato anche in azienda nell'ambito del know-how management (gestione della conoscenza aziendale);
- *FreeMind*: è il programma che uso più spesso. Un programma che mi sento di consigliare anche perché totalmente gratuito,

senza scadenza, molto semplice da usare e sviluppato in java, quindi compatibile con tutti i sistemi operativi;

- *MindMapper* e *NovaMind*: anche questi ultimi sono dei buoni programmi.

Ti consiglio di utilizzare questa tecnica sempre, anche in luoghi o in momenti meno convenzionali. Quindi, cosa aspetti a metterti all'opera con le mappe mentali? Vedrai che riuscirai a tirare fuori dalla tua mente idee inaspettate!

Sono state messe a punto altre tecniche di sviluppo della creatività, che qui elenco solo per tua conoscenza:

- trampolini di Nolan;
- pensiero divergente di Guilford;
- teoria di Mednik;
- metodo dei 6 Cappelli di De Bono.

SEGRETO n. 14: studia i metodi classici di stimolazione della creatività ma scegline due da applicare con una certa frequenza in modo da prendere rapidamente dimestichezza con essi.

I metodi fin qui accennati li definisco "classici" poiché servono soprattutto a risvegliare la tua creatività assopita, e togliere la pigrizia che blocca la tua fantasia. Non li considero veri e propri metodi scientifici, al contrario del TRIZ, che, invece, può portarti alla vera soluzione di un problema inventivo una volta che hai risvegliato le idee con i metodi classici. Il TRIZ può aiutarti nella seconda fase, quella che segue la comparsa nella tua mente dell'idea. Come risolvere l'enigma inventivo? Vedremo come rispondere a questo quesito.

Un nuovo approccio alla creatività: il metodo TRIZ

Siamo giunti ad analizzare un contributo che si distanzia decisamente da quelli precedenti. Il TRIZ non si sostituisce ai precedenti metodi ma, piuttosto li segue. TRIZ è l'acronimo russo di *Teoria della Risoluzione dei Problemi Inventivi.* La metodologia TRIZ cominciò a delinearsi nell'ex Unione Sovietica nel 1946, grazie a un giovane ingegnere russo, *Genrich Altshuller.* Altshuller lavorava in quegli anni come esperto brevettuale presso la marina militare sovietica.

Fu proprio il suo incarico – consistente nel dover aiutare gli inventori a scrivere le domande di brevetto – che lo portò a osservare come non esistessero dei metodi veri e propri per inventare qualcosa. Sin dall'inizio apparve ad Altshuller poco produttivo affrontare l'analisi del metodo creativo dal punto di vista psicologico, nonostante la vasta ricerca disponibile in quella direzione.

Tentò, quindi, di dare una nuova chiave di lettura del processo inventivo, con un approccio più scientifico, basato sull'osservazione di ciò che già era stato brevettato. Nessuno dei metodi "psicologici" era stato in grado di arrivare a un risultato prevedibile e di risolvere il problema inventivo. Infatti i metodi dei quali abbiamo parlato nel paragrafo precedente, servono per stimolare la creatività e non per trovare soluzioni ai problemi inventivi.

Nessuno aveva aperto la "scatola nera" della creatività spiegando da cosa si generasse la scintilla creativa che porta all'invenzione. L'approccio di Altshuller fu all'inizio paragonabile all'analisi di quella scatola nera contenente il processo inventivo. Cosa accade all'interno di quella scatola?

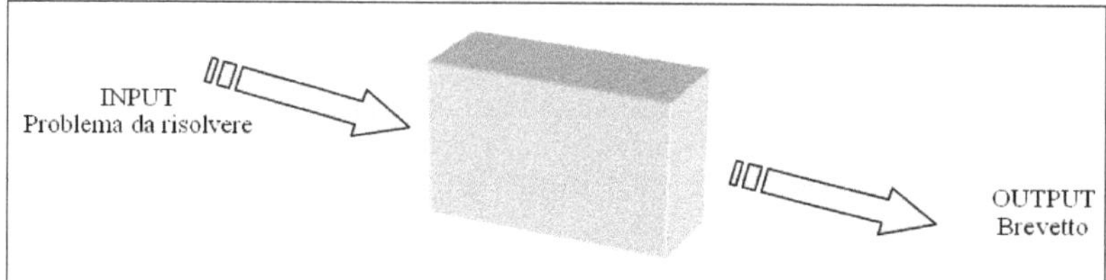

Figura 12 – Schema a scatola nera dell'approccio di Altshuller

Cosa porta la mente umana a trovare una certa soluzione a una determinata esigenza? Obiettivo del metodo era riprodurre la struttura interna della scatola nera attraverso lo studio dell'input e dell'output. Ci si chiese inoltre se vi fossero generalità comuni che unissero tutti i problemi fra loro.

SEGRETO n. 15: il TRIZ non sostituisce i metodi classici di stimolazione della creatività, piuttosto li segue. TRIZ ti permette di trovare soluzioni a problemi inventivi.

Com'è possibile diventare inventori conoscendo i meccanismi che permettono alla scatola nera di prendere l'input e trasformarlo in output? Quali ingranaggi sono celati in questa scatola in grado di *trasformare un problema inventivo* (per esempio, portare le scarpe chiuse senza far sudare il piede) *in una soluzione efficace* (praticare dei fori nella suola che faccia uscire il vapore/sudore senza far entrare l'acqua dall'esterno: noto ormai a tutti come brevetto *Geox®*)?

Altshuller pensava che solo un metodo semplice avrebbe potuto rendere efficace il processo inventivo (la semplicità è sempre la soluzione migliore). Decise perciò di analizzare statisticamente un vasto numero di brevetti (più di duecentomila in soli due anni). Da questa analisi si accorse che gli stessi approcci inventivi si potevano ritrovare in diversi brevetti e ne dedusse che i sistemi ingegneristici non si evolvono in modo casuale.

Qualsiasi problema tecnico può essere ricondotto, mediante un processo di astrazione, a un modello generale. I processi logici di risoluzione dunque seguono delle leggi evolutive comuni e tali principi risolutivi sono di numero finito. Essi rappresentano degli approcci di carattere generale, indipendenti dall'invenzione specifica e dal settore da cui provengono. Egli chiamò queste leggi *Tendenze di evoluzione dei sistemi ingegneristici*. Continuò a lavorare alla sua teoria pubblicando nel 1956 un primo articolo in cui furono introdotti i *40 principi inventivi*.

Vista la relativa semplicità dei concetti alla base del TRIZ, l'approfondita sistematizzazione avvenuta con l'analisi successiva di oltre 2.000.000 di brevetti, e la possibilità di ricongiungersi a un numero limitato di soluzioni adottabili (infatti sono solo 40 i principi inventivi individuati), questo metodo è subito apparso come uno strumento assai valido in vari settori, al fine di migliorare il ciclo di sviluppo di un prodotto e il processo creativo di un inventore.

I principali concetti che stanno alla base del metodo TRIZ sono i seguenti:

- *i sistemi tecnici evolvono secondo leggi oggettive e tendono a massimizzare il loro grado di idealità*, espresso come il rapporto tra le funzioni utili fornite dal sistema e le funzioni dannose insite nel sistema;
- *qualsiasi problema tecnico specifico che si presenta, puoi ricondurlo, mediante un processo di astrazione, a un modello generale*, e i processi logici di risoluzione possono essere raggruppati in un numero finito di "principi risolutivi";
- dato il numero finito di modelli del problema e di principi risolutivi, *soluzioni concettualmente identiche possono essere*

applicate a problemi tecnici apparentemente diversi. Ne deriva che la conoscenza e l'esperienza tua o di altri svolge un ruolo fondamentale nell'attività inventiva.

SEGRETO n. 16: secondo il metodo TRIZ, le invenzioni più grandi della storia hanno tutte qualcosa in comune: i sistemi ingegneristici non si evolvono in modo casuale.

Qualsiasi problema tecnico può essere ricondotto a un modello generale e i processi logici, che le persone pongono in atto per risolvere un problema inventivo, seguono delle leggi evolutive. La mente di ognuno di noi utilizza il classico metodo "*prova ed errore*" e, fino alla messa a punto di TRIZ, non esisteva alcun metodo in grado di risolvere i problemi seguendo un algoritmo, cioè un procedimento ben definito. Oggi è emersa in tutta la sua chiarezza la possibilità di formulare delle leggi oggettive di sviluppo dei sistemi tecnici, cioè di quei processi mentali che tutti usiamo e che ci possono portare alla medesima soluzione.

Queste comuni tendenze, sottostanti a tutte le invenzioni analizzate da Altshuller, presero inizialmente la forma dei *40 principi inventivi.* I 40 principi rappresentano un pratico strumento che puoi usare durante le sessioni di *brainstorming* con amici e colleghi, ma anche da solo, quando non sai da dove partire per risolvere un problema che ti viene proposto in ogni ambito della vita.

Grande contributo di Altshuller è quello relativo all'estrapolazione dei **39 parametri ingegneristici** (*Engineering Parameters*) e dei **40 principi inventivi** (*Inventive Principles*).

Quali sono i parametri ingegneristici? Possono essere suddivisi in tre macroaree:

A) ***parametri fisici e geometrici comuni***: peso (parametri numero 1 e 2); lunghezza (3 e 4); superficie (5 e 6); volume (7 e 8); velocità (9); forza (10); tensione o pressione (11); forma (12); temperatura (17); luminosità (18); potenza (21). In questo gruppo possono essere considerati anche altri parametri, come stabilità del sub-system (13), durata dell'azione (16) e quantità di sostanza (26);

B) ***parametri negativi indipendenti dalla technique***: durata dell'azione (15 e 16); energia impiegata dal sub-system (19 e

20); perdita di energia (22); perdita di materia (23); perdita di informazioni (24); perdita di tempo (25); quantità di materia (26); fattori negativi che agiscono sul sub-system (30) che segnalano la suscettibilità di questo verso agenti dannosi generati all'esterno; fattori parzialmente negativi (31) che rappresentano l'effetto nocivo del sub-system all'interno del sistema. Si potrebbero inserire in questo gruppo anche i parametri di resistenza (14), complessità (36) e complessità dei controlli (37);

C) ***parametri positivi indipendenti dalla technique***: stabilità del sub-system (13); resistenza (14); affidabilità (27); accuratezza di misurazione (28); accuratezza di produzione (29); semplicità di realizzazione (32); convenienza d'uso (33); riparabilità (34); adattabilità (35); complessità (36); complessità dei controlli (37); livello di automazione (38); produttività (39).

Come già detto, Altshuller identificò 39 parametri tipicamente coinvolti nelle contraddizioni tecniche del sistema (*system*) oppure dei sottosistemi (*sub-systems*), alcuni dei quali semplici e intuitivi: lunghezza di un oggetto fermo, peso di un oggetto in movimento, forma, velocità, temperatura, robustezza, intensità di illuminazione, energia ecc.

Classificare milioni di problemi in 39 categorie non fu cosa semplice per l'inventore russo, che creò poi una **matrice di contraddizioni**, secondo cui i 39 parametri del problema generale venivano incrociati con esse, ottenendo un insieme di celle della matrice (la matrice è una tabella con dati in righe e colonne) ovvero diversi tipi di contraddizioni.

Come risolvere le contraddizioni fra due parametri dei 39 disponibili? Le soluzioni generalizzate sono 40 e sono state chiamate **principi inventivi**. Le soluzioni delle contraddizioni tipiche sembrano funzionare in quasi tutte le situazioni. Quindi, ecco la soluzione per te: le contraddizioni tecniche puoi risolverle con i 40 principi inventivi (mediante la matrice delle contraddizioni).

I 40 principi inventivi di TRIZ

Come detto, lo studio dei brevetti ha condotto alla catalogazione delle soluzioni innovative in 40 principi inventivi. La conoscenza di essi ti consente di indirizzare precisamente il *brainstorming* verso i modi più efficaci per risolvere le contraddizioni. A questi principi sembrano, infatti, ricondursi tutti i brevetti analizzati, indipendentemente dal settore o dall'area di origine. Qui di seguito viene fornito l'elenco completo di essi.

I 40 principi inventivi del TRIZ
Principio 1. Segmentation – Segmentazione A. Dividi il sistema in sezioni o in più parti separate. B. Rendi il sistema facile da assemblare e smontare. C. Aumenta il numero delle segmentazioni.
Principio 2. Taking out – Estrazione A. Quando un sistema svolge più funzioni, di cui alcune, in certe condizioni, non richieste (e magari anche dannose), progetta un sistema con il quale esse possano essere "estratte".
Principio 3. Local quality – Qualità locale A. Quando un oggetto o un sistema è uniforme o omogeneo, rendilo non uniforme. B. Cambia le cose attorno al sistema (l'ambiente) da uniforme a non uniforme. C. Permetti a ciascuna parte del sistema di funzionare al meglio localmente. D. Consenti a ciascuna parte del sistema di eseguire funzioni utili e differenti (meglio se funzioni inverse).
Principio 4. Asymmetry – Asimmetria A. Dove un oggetto o un sistema è simmetrico o contiene linee di simmetria, introduci asimmetrie. B. Cambia la forma di un oggetto o di un sistema per adattarsi ad asimmetrie esterne (per es. caratteristiche ergonomiche). C. Se un oggetto o un sistema è già asimmetrico, aumenta il grado di asimmetria.
Principio 5. Merging – Combina A. Combina fisicamente o unisci oggetti identici o collegati, operazioni o funzioni. B. Combina o unisci oggetti, operazioni o funzioni in modo tale che agiscano tutti nello stesso momento.

Principio 6. Universality – Universalità
A. Fai un oggetto o un sistema capace di svolgere funzioni multiple, rimuovendo il bisogno per altri sistemi.
Principio 7. "Nested doll" – Matrioska   A. Metti un oggetto o un sistema dentro un altro.   B. Metti più oggetti o sistemi dentro gli altri.   C. Consenti a un oggetto o a un sistema di passare attraverso un buco adatto in un altro.
Principio 8. Anti-weight – Contrappeso   A. Quando il peso di un oggetto o di un sistema causa problemi, combinalo con qualcosa che permetta la salita.   B. Quando il peso di un oggetto o di un sistema causa problemi, usa l'aerodinamica, l'idrodinamica, la spinta di galleggiamento e altre forze che permettano la salita.
Principio 9. Preliminary anti-action – Contro-azione preliminare   A. Dove un'azione contiene sia effetti dannosi sia utili, precedi l'azione con la sua opposta, l'anti-azione, per ridurre o eliminare l'effetto dannoso.   B. Introduci tensioni in un oggetto per contrastare note dannose che si verificheranno più tardi.
Principio 10. Preliminary action – Azione preliminare   A. Introduci un'azione utile in un oggetto o in un sistema (sia pienamente sia parzialmente prima che sia necessario).   B. Preordina oggetti o sistemi in modo tale che essi possano entrare in azione al momento e nel luogo più conveniente.
Principio 11. Beforehand cushioning – Provvedi in anticipo   A. Introduci un sistema di sicurezza per compensare la potenziale bassa affidabilità di un oggetto.
Principio 12. Equipotentiality – Equipontezialità (Rimuovi tensioni)   A. Se un oggetto o un sistema richiede o è esposto a forze di compressione o di trazione, ridisegna l'ambiente dello stesso in modo tale che le forze siano eliminate o siano bilanciate dall'ambiente circostante.
Principio 13. "The other way round" – Inversione   A. Usa un'azione opposta per risolvere il problema.   B. Rendi mobili gli oggetti fissi e fissa gli oggetti mobili.   C. Gira l'oggetto, sistema o procedi alla rovescia.
Principio 14. Spheroidality – Curvature Sfericità – Curvatura   A. Converti linee dritte o superfici piane in curve.   B. Usa rulli, palle, spirali, cupole.   C. Converti da moto lineare a rotatorio.   D. Introduci o fai uso di forze centrifughe.

Principio 15. Dynamics – Dinamizzazione
A. Fai in modo che un oggetto o il suo ambiente si adatti automaticamente a prestazioni ottimali ad ogni stadio dell'operazione. B. Dividi un oggetto o sistema in elementi che possano cambiare posizione l'uno rispetto all'altro. C. Se un oggetto o sistema è rigido o irremovibile, rendilo mobile o adattabile. D. Aumenta il numero di gradi di libertà.
Principio 16. Partial or excessive actions – Azione parziale o eccessiva
A. Se è difficile ottenere esattamente la quantità giusta di un'azione, utilizza l'azione "leggermente ridotta" o "leggermente aumentata", per ridurre o eliminare il problema.
Principio 17. Another dimension – Muovi verso un'altra dimensione
A. Se un oggetto contiene o si muove lungo una linea retta, considera un uso delle dimensioni o del movimento fuori dalla linea. B. Se un oggetto contiene o si muove in un piano, pensa a un uso delle dimensioni o a muoverti fuori dal piano corrente. C. Prova a comporre gli oggetti mettendoli su una pila piuttosto che gestirli su un piano. D. Ri-orienta l'oggetto o il sistema, lasciandolo sul suo lato. E. Usa l'altro lato di un oggetto o di un sistema.
Principio 18. Mechanical vibration – Vibrazione meccanica
A. Metti un oggetto in oscillazione o in vibrazione. B. Incrementa la frequenza di vibrazione (possibilmente sopra la frequenza ultrasonica). C. Fai uso della frequenza di risonanza di un oggetto o di un sistema. D. Usa vibratori piezoelettrici. E. Usa oscillazioni di campi combinati.
Principio 19. Periodic action – Azione periodica
A. Rimpiazza azioni continue con azioni periodiche o pulsanti. B. Se un'azione è già periodica, cambia l'ampiezza del periodo o la frequenza per soddisfare requisiti esterni. C. Usa le differenze tra le azioni per realizzare azioni utili diverse.
Principio 20. Continuity of useful action – Continuità di un'azione utile
A. Fai lavorare tutte le parti di un oggetto o di un sistema a pieno carico o alla massima efficienza, per tutto il tempo. B. Elimina tutte le azioni o i lavori futili o non produttivi.
Principio 21. Skipping [hurry] – Affrettarsi
A. Conduci un'azione a velocità molto alta per eliminare effetti secondari dannosi.

Principio 22. "Blessing in disguise" or "Turn Lemons into Lemonade" – Converti lo svantaggio in vantaggio
A. Trasforma l'oggetto o il sistema dannoso (in particolare l'ambiente) in modo da trasferire un effetto positivo. B. Aggiungi un secondo oggetto dannoso o un'azione dannosa per neutralizzare o eliminare gli effetti di un oggetto o di un'azione dannosa esistente. C. Aumenta un fattore dannoso.
Principio 23. Feedback
A. Introduci una retroazione per migliorare un'azione o un processo. B. Se una retroazione è già utilizzata, rendila adattabile alle variazioni delle richieste o alle condizioni operative.
Principio 24. 'Intermediary' – Intermediario
A. Introduci un intermediario tra due oggetti, sistemi o azioni. B. Introduci un intermediario temporaneo che sparisca o possa essere facilmente rimosso dopo aver completato la sua funzione.
Principio 25. Self-service
C. Permetti a un oggetto o a un sistema di eseguire funzioni o organizzarsi da solo. D. Fai uso di risorse, energia o sostanze di scarto.
Principio 26. Copying – Copia
A. Utilizza copie semplici ed economiche al posto di oggetti o di sistemi costosi e possibilmente vulnerabili. B. Rimpiazza un oggetto o un'azione con una copia ottica. C. Se sono già in uso copie ottiche, fai uso di lunghezze d'onda nell'infrarosso o nell'ultravioletto.
Principio 27. Cheap short-living objects – Oggetti economici e disponibili
A. Rimpiazza un oggetto costoso o un sistema con una moltitudine di oggetti di breve durata.
Principio 28 Mechanics substitution/Another Sense – Sostituzione meccanica
A. Rimpiazza un mezzo esistente con uno che fa uso di un altro senso (ottico, acustico, gusto, tatto o olfatto). B. Introduci campi elettrici, magnetici o elettromagnetici per interagire con un oggetto o un sistema. C. Cambia da statico a dinamico, da fisso a variabile, e/o da un campo non strutturato a uno strutturato. D. Usa campi insieme a oggetti o sistemi attivati da un campo (per es. ferromagnetico).
Principio 29. Pneumatics and hydraulics – Fluido
A. Usa gas o liquidi al posto di parti solide o sistemi.

Principio 30. Flexible shells and thin films – Rivestimenti flessibili e film sottili
A. Incorpora rivestimenti flessibili e film sottili al posto di strutture solide. B. Isola un oggetto o un sistema da un ambiente potenzialmente nocivo utilizzando i rivestimenti flessibili e i film sottili.
Principio 31. Porous materials – Materiali porosi (fori)
A. Rendi poroso un oggetto o aggiungi elementi porosi. B. Se un oggetto è già poroso, aggiungi qualcosa di utile nei pori.
Principio 32. Colour changes – Cambio colore
A. Cambia il colore di un oggetto o del suo ambiente. B. Cambia la trasparenza di un oggetto o del suo ambiente. C. Per cambiare la visibilità delle cose, utilizza additivi colorati o elementi luminescenti. D. Cambia le proprietà di emissività di un oggetto soggetto a riscaldamento radiante.
Principio 33. Homogeneity – Omogeneità
A. Ottieni oggetti che interagiscono dallo stesso materiale (o da un materiale con proprietà adeguate).
Principio 34. Discarding and recovering – Rifiutare e rigenera
A. Fai sparire (o fai sembrare di sparire) gli elementi di un oggetto o di un sistema che hanno adempiuto le loro funzioni (dissolvendosi, evaporando ecc.). B. Ripristina parti consumabili o degradabili di un oggetto o di un sistema durante l'operazione.
Principio 35. Parameter changes – Cambia parametri
A. Cambia lo stato fisico di un oggetto (per esempio in un gas, in un liquido o in un solido). B. Cambia concentrazione o consistenza. C. Cambia il grado di flessibilità. D. Cambia la temperatura. E. Cambia la pressione. F. Cambia altri parametri.
Principio 36. Phase transitions – Transizione di fasi
A. Fai uso di fenomeni che hanno luogo durante le transizioni di fase (per esempio cambiamenti di volume, perdita o assorbimento di calore ecc.).
Principio 37. Thermal expansion – Espansione termica
A. Utilizza l'espansione (o contrazione) termica dei materiali per ottenere un effetto utile. B. Utilizza più materiali con vari coefficienti di espansione termica per ottenere vari effetti utili.

Principio 38. Strong oxidants – Ossidanti forti, arricchisci
A. Sostituisci aria atmosferica con aria arricchita di ossigeno. B. Utilizza ossigeno puro. C. Usa radiazione ionizzante. D. Usa ossigeno ionizzato. E. Usa ozono.
Principio 39. Inert atmosphere – Atmosfera inerti, calma
A. Sostituisci un ambiente normale con uno inerte. B. Aggiungi parti neutre o elementi inerti a un oggetto o a un sistema.
Principio 40. Composite materials – Materiali compositi
A. Cambia da materiale uniforme a materiale composito, dove ogni materiale è ottimizzato per una particolare richiesta funzionale.

La matrice delle contraddizioni di TRIZ

L'analisi di oltre 40.000 soluzioni brevettate di alto livello condotta da Altshuller lo aiutarono a ricavare le principali forme di contraddizioni in ingegneria e i metodi di base per eliminarle. La *Tabella per Eliminare le Contraddizioni Ingegneristiche* (o più semplicemente la *Matrice delle Contraddizioni*) identifica oltre 1000 tipi di contraddizioni e suggerisce, all'interno delle celle, fino a 4 dei più adatti principi per eliminare ognuna di esse.

Avendo osservato come ogni brevetto sia la risoluzione di problemi inventivi, in cui quando migliora un parametro l'altro peggiora, Altshuller decise di strutturare i principi da lui evidenziati in una *matrice 39x39* (una tabella di 39 righe e 39 colonne). Questa matrice rappresenta tuttora uno dei principali strumenti TRIZ. Se è vero infatti che ogni problema può essere ricondotto a un problema generico, allora si può anche mapparlo in una matrice con cui accedere direttamente ai principi risolutivi più usati.

Ogni problema inventivo che puoi sottoporre alla tua attenzione è, in realtà, un problema contenente una o più contraddizioni. Ogni contraddizione ingegneristica rappresenta una situazione in cui il miglioramento di un parametro di un sistema causa il deterioramento di un altro parametro. Per questo i due assi della matrice metodologica di Altshuller vanno a rappresentare proprio da una parte i parametri tipici che migliorano (*asse y*) e dall'altra i parametri che peggiorano (*asse x*). L'analisi statistica delle correlazioni fra le contraddizioni tipiche e i modi tipici di risolverle, porta la matrice a raccomandare 3/4 specifici principi (presenti in ognuna cella) fra i più utilizzati per la risoluzione di ognuna di queste contraddizioni.

Le celle contenenti l'elenco dei principi vengono individuate in virtù della scelta di due parametri in conflitto. La prima colonna e la prima riga della matrice sono costituite da 39 parametri caratterizzanti il sistema. Sulla colonna si sceglie il parametro che deve essere migliorato, mentre sulla riga quello che può peggiorare in virtù del miglioramento del primo.

Le celle sulla diagonale sono vuote, perché il contemporaneo miglioramento e peggioramento di uno stesso parametro esula dalla scopo della matrice atta a risolvere le contraddizioni tecniche. Dunque una coppia di parametri in conflitto è la base di una contraddizione ingegneristica.

Va ricordato che la matrice suggerisce i probabili principi risolutori del problema, i più usati, ma non necessariamente i migliori. Questo strumento offre generalmente delle raccomandazioni generiche, ossia dei modelli di riferimento per modificare un sistema e risolvere il problema.

I numeri inseriti nelle celle rappresentano i principi inventivi del TRIZ più appropriati per risolvere la contraddizione. Ad ogni modo, quando ti sembra che la matrice non ti aiuti, risulta spesso utile riformulare il problema, impostando una nuova contraddizione; in alternativa puoi osservare l'intera panoramica dei principi del TRIZ, a partire da quelli più ricorrenti in assoluto o da quelli sulla riga medesima del parametro da migliorare. La semplicità della matrice è dovuta anche al numero assai limitato dei parametri caratterizzanti il sistema: questo è proprio uno degli aspetti più stupefacenti della teoria TRIZ.

Qui di seguito puoi trovare la matrice delle contraddizioni completa: è spezzata in due parti per riuscire a leggerla. Sulla sinistra, in prima colonna, trovi sempre i 39 parametri ingegneristici. Questi sono ripetuti anche sulla prima riga, con la numerazione da 1 a 39. Intersecando due parametri ingegneristici, giungerai a una cella che conterrà dei numeri all'interno: essi sono i principi inventivi consigliati che bisogna applicare per risolvere la contraddizione. Sarà sufficiente tornare all'elenco dei principi inventivi e vedere quali sono; quindi applicarli per risolvere il tuo problema inventivo.

	1	2	3	4	5	6	7	8	9	10	11	12	13	14	15	16	17	18	19	20
1: Weight of moving object	*	-	15 8 29 34	-	29 17 38 34	-	29 2 40 28	-	2 8 15 38	8 10 18 37	10 36 37 40	10 14 35 40	1 35 19 39	28 27 18 40	5 34 31 35	-	6 29 4 38	19 1 32	35 12 34 31	-
2: Weight of stationary	-	*	-	10 1 29 35	-	35 30 13 2	-	5 35 14 2	-	8 10 19 35	13 29 10 18	13 10 29 14	26 39 1 40	28 2 10 27	-	2 27 19 6	28 19 32 22	19 32 35	-	18 19 28 1
3: Length of moving object	8 15 29 34	-	*	-	15 17 4	-	7 17 4 35	-	13 4 8	17 10 4	1 8 35	1 8 10 29	1 8 15 34	8 35 29 34	19	-	10 15 19	32	8 35 24	-
4: Length of stationary	-	35 28 40 29	-	*	-	17 7 10 40	-	35 8 2 14	-	28 10	1 14 35	13 14 15 7	39 37 35	15 14 28 26	-	1 10 35	3 35 38 18	3 25	-	-
5: Area of moving object	2 17 29 4	-	14 15 18 4	-	*	-	7 14 17 4	-	29 30 4 34	19 30 35 2	10 15 36 28	5 34 29 4	11 2 13 39	3 15 40 14	6 3	-	2 15 16	15 32 19 13	19 32	-
6: Area of stationary	-	30 2 14 18	-	26 7 9 39	-	*	-	-	-	1 18 35 36	10 15 36 37	-	2 38	40	-	2 10 19 30	35 39 38	-	-	-
7: Volume of moving object	2 26 29 40	-	1 7 4 35	-	1 7 4 17	-	*	-	29 4 38 34	15 35 36 37	6 35 36 37	1 15 29 4	28 10 1 39	9 14 15 7	6 35 4	-	34 39 10 18	2 13 10	35	-
8: Volume of stationary	-	35 10 19 14	19 14	35 8 2 14	-	-	-	*	-	2 18 37	24 35	7 2 35	34 28 35 40	9 14 17 15	-	35 34 38	35 6 4	-	-	-
9: Speed	2 28 13 38	-	13 14 8	-	29 30 34	-	7 29 34	-	*	13 28 15 19	6 18 38 40	35 15 18 34	28 33 1 18	8 3 26 14	3 19 35 5	-	28 30 36 2	10 13 19	8 15 35 38	-
10: Force (Intensity)	8 1 37 18	18 13 1 28	17 19 9 36	28 10	19 10 15	1 18 36 37	15 9 12 37	2 36 18 37	13 28 15 12	*	18 21 11	10 35 40 34	35 10 21	35 10 14 27	19 2	-	35 10 21	-	19 17 10	1 16 36 37
11: Stress or pressure	10 36 37 40	13 29 10 18	35 10 36	35 1 14 16	10 15 36 28	10 15 36 37	6 35 10	35 24	6 35 36	36 35 21	*	35 4 15 10	35 33 2 40	9 18 3 40	19 3 27	-	35 39 19 2	-	14 24 10 37	-
12: Shape	8 10 29 40	15 10 26 3	29 34 5 4	13 14 10 7	5 34 4 10	-	14 4 15 22	7 2 35	35 15 34 18	35 10 37 40	34 15 10 14	*	33 1 18 4	30 14 10 40	14 26 9 25	-	22 14 19 32	13 15 32	2 6 34 14	-
13: Stability of the object	21 35 2 39	26 39 1 40	13 15 1 28	37	2 11 13	39	28 10 19 39	34 28 35 40	33 15 28 18	10 35 21 16	2 35 40	22 1 18 4	*	17 9 15	13 27 10 35	39 3 35 23	35 1 32	32 3 27 16	13 19	27 4 29 18
14: Strength	1 8 40 15	40 26 27 1	1 15 8 35	15 14 28 26	3 34 40 29	9 40 28	10 15 14 7	9 14 17 15	8 13 26 14	10 18 3 14	10 3 18 40	10 30 35 40	13 17 35	*	27 3 26	-	30 10 40	35 19	19 35 10	35
15: Duration of action	19 5 34 31	-	2 19 9	-	3 17 19	-	10 2 19 30	-	3 35 5	19 2 16	19 3 27	14 26 28 25	13 3 35	27 3 10	*	-	19 35 39	2 19 4 35	28 6 35 18	-
16: Duration of action	-	6 27 19 16	-	1 40 35	-	-	-	35 34 38	-	-	-	-	39 3 35 23	-	-	*	19 18 36 40	-	-	-
17: Temperature	36 22 6 38	22 35 32	15 19 9	15 19 9	3 35 39 18	35 38	34 39 40 18	35 6 4	2 28 36 30	35 10 3 21	35 39 19 2	14 22 19 32	1 35 32	10 30 22 40	19 13 39	19 18 36 40	*	32 30 21 16	19 15 3 17	-
18: Illumination intensity	19 1 32	2 35 32	19 32 16	-	19 32 26	-	2 13 10	-	10 13 19	26 19 6	-	32 30	32 3 27	35 19	2 19 6	-	32 35 19	*	32 1 19	32 35 1 15
19: Use of energy by moving	12 18 28 31	-	12 28	-	15 19 25	-	35 13 18	-	8 35 35	16 26 21 2	23 14 25	12 2 29	19 13 17 24	5 19 9 35	28 35 6 18	-	19 24 3 14	2 15 19	*	-
20: Use of energy by stationary	-	19 9 6 27	-	-	-	-	-	-	-	36 37	-	-	27 4 29 18	35	-	-	-	19 2 35 32	-	*
21: Power	8 36 38 31	19 26 17 27	1 10 35 37	-	19 38	17 32 13 38	35 6 38	30 6 25	15 35 2	26 2 36 35	22 10 35	29 14 2 40	35 32 15 31	26 10 28	19 35 10 38	16	2 14 17 25	16 6 19	16 6 19 37	-
22: Loss of Energy	15 6 19 28	19 6 18 9	7 2 6 13	6 38 7	15 26 17 30	17 7 30 18	7 18 23	7	16 35 38	36 38	-	-	14 2 39 6	26	-	-	19 38 7	1 13 32 15	-	-
23: Loss of substance	35 6 23 40	35 6 22 32	14 29 10 39	10 28 24	35 2 10 31	10 18 39 31	1 29 30 36	3 39 18 31	10 13 28 38	14 15 18 40	3 36 37 10	29 35 3 5	2 14 30 40	35 28 31 40	28 27 3 18	27 16 18 38	21 36 39 31	1 6 13	35 18 24 5	28 27 12 31
24: Loss of Information	10 24 35	10 35 5	1 26	26	30 26	30 16	-	2 22	26 32	-	-	-	-	-	10	10	-	19	-	-
25: Loss of Time	10 20 37 35	10 20 26 5	15 2 29	30 24 14 5	26 4 5 16	10 35 17 4	2 5 34 10	35 16 32 18	-	10 37 36 5	37 36 4	4 10 34 17	35 3 22 5	29 3 28 18	20 10 28 18	28 20 10 16	35 29 21 18	1 19 26 17	35 38 19 18	1
26: Quantity of substance/the	35 6 18 31	27 26 18 35	29 14 35 18	-	15 14 29	2 18 40 4	15 20 29	-	35 29 34 28	35 14 3	10 36 14 3	35 14	15 2 17 40	14 35 34 10	3 35 10 40	3 35 31	3 17 39	-	34 29 16 18	3 35 31
27: Reliability	3 8 10 40	3 10 8 28	15 9 14 4	15 29 28 11	17 10 14 16	32 35 40 4	3 10 14 24	2 35 24	21 35 11 28	8 28 10 3	10 24 35 19	35 1 16 11	-	11 28	2 35 3 25	34 27 6 40	3 35 10	11 32 13	21 11 27 19	36 23
28: Measurement accuracy	32 35 26 28	28 35 25 26	28 26 5 16	32 28 3 16	26 28 32 3	26 28 32 3	32 13 6	-	28 13 32 24	32 2	6 28 32	6 28 32	32 35 13	28 6 32	28 6 32	10 26 24	6 19 28 24	6 1 32	3 6 32	-
29: Manufacturing precision	28 32 13 18	28 35 27 9	10 28 29 37	2 32 10	28 33 29 32	2 29 18 36	32 23 2	25 10 35	10 28 32	28 19 34 36	3 35	32 30 40	30 18	3 27	3 27 40	-	19 26	3 32	32 2	-
30: Object-affected harmful	22 21 27 39	2 22 13 24	17 1 39 4	1 18	22 1 33 28	27 2 39 35	22 23 37 35	34 39 19 27	21 22 35 28	13 35 39 18	22 2 37	22 1 3 35	35 24 30 18	18 35 37 1	22 15 33 28	17 1 40 33	22 33 35 2	1 19 32 13	1 24 6 27	10 2 22 37
31: Object-generated harmful	19 22 15 39	35 22 1 39	17 15 16 22	-	17 2 18 39	22 1 40	17 2 40	30 18 35 4	35 28 3 23	35 28 1 40	2 33 27 18	35 1	35 40 27 39	15 35 22 2	15 22 33 31	21 39 16 22	22 35 2 24	19 24 39 32	2 35 6	19 22 18
32: Ease of manufacture	28 29 15 16	1 27 36 13	1 29 13 17	15 17 27	13 1 26 12	16 40	13 29 1 40	35	35 13 8 1	35 12	35 19 1 37	1 28 13 27	11 13 1	1 3 10 32	27 1 4	35 16	27 26 18	28 24 27 1	28 26 27 1	1 4
33: Ease of operation	25 2 13 15	6 13 1 25	1 17 13 12	-	1 17 13 16	18 16 15 39	1 16 35 15	4 18 39 31	18 13 34	28 13 35	2 32 12	15 34 29 28	32 35 30	32 40 3 28	29 3 8 25	1 16 25	26 27 13	13 17 1 24	1 13 24	-
34: Ease of repair	2 27 35 11	2 27 35 11	1 28 10 25	3 18 31	15 13 32	16 25	25 2 35 11	1	34 9	1 11 10	13	1 13 2 4	2 35	11 1 2 9	11 29 28 27	1	4 10	15 1 13	15 1 28 16	-
35: Adaptability or versatility	1 6 15 8	19 15 29 16	35 1 29 2	1 35 16	35 30 29 7	15 16	15 35 29	-	35 10 14	15 17 20	35 16	15 37 1 8	35 30 14	35 3 32 6	13 1 35	2 16	27 2 3 35	6 22 26 1	19 35 29 13	-
36: Device complexity	26 30 34 36	2 26 35 39	1 19 26 24	26	14 1 13 16	6 36	34 26 6	1 16	34 10 28	26 16	19 1 35	29 13 28 15	2 22 17 19	2 13 28	10 4 28 15	-	2 17 13	24 17 13	27 2 29 28	-
37: Difficulty of detecting	27 26 28 13	6 13 28 1	16 17 26 24	26	2 13 18 17	2 39 30 16	29 1 4 16	2 18 26 31	3 4 16 35	30 28 40 19	35 36 37 32	27 13 1 39	11 22 39 30	27 3 15 28	19 29 39 25	25 34 6 35	3 27 35 16	2 24 26	35 38	19 35 16
38: Extent of automation	28 26 18 35	28 26 35 10	14 13 17 28	23	17 14 13	-	35 13 16	-	28 10	2 35	13 35	15 32 1 13	18 1	25 13	6 9	-	26 2 19	8 32 19	2 32 13	-
39: Productivity	35 26 24 37	28 27 15 3	18 4 28 38	30 7 14 26	10 26 34 31	10 35 17 7	2 6 34 10	35 37 10 2	-	28 15 10 36	10 37 14	14 10 34 40	35 3 22 39	29 28 10 18	35 10 2 18	20 10 16 38	35 21 28 10	26 17 19 1	35 10 38 19	1

	21	22	23	24	25	26	27	28	29	30	31	32	33	34	35	36	37	38	39
1: Weight of moving object	12 36 18 31	6 2 34 19	5 35 3 31	10 24 35	10 35 20 28	3 26 18 31	1 3 11 27	28 27 35 26	28 35 26 18	22 21 18 27	22 35 31 39	27 28 1 36	35 3 2 24	2 27 28 11	29 5 15 8	26 30 36 34	28 29 26 32	26 35 18 19	35 3 24 37
2: Weight of stationary	15 19 18 22	18 19 28 15	5 8 13 30	10 15 35	10 20 35 26	19 6 18 26	10 28 8 3	18 26 28	10 1 35 17	2 19 22 37	35 22 1 39	28 1 9	6 13 1 32	2 27 28 11	19 15 29	1 10 26 39	25 28 17 15	2 26 35	1 28 15 35
3: Length of moving object	1 35	7 2 35 39	4 29 23 10	1 24	15 2 29	29 35	10 14 29 40	28 32 4	10 28 29 37	1 15 17 24	17 15	1 29 17	15 29 35 4	1 28 10	14 15 1 16	1 19 26 24	35 1 26 24	17 24 26 16	14 4 28 29
4: Length of stationary	12 8	6 28	10 28 24 35	24 26	30 29 14	-	15 29 28	32 28 3	2 32 10	1 18	-	15 17 27	2 25	3	1 35	1 26	26	-	30 14 7 26
5: Area of moving object	19 10 32 18	15 17 30 26	10 35 2 39	30 26	26 4	29 30 6 13	29 9	26 28 32 3	2 32	22 33 28 1	17 2 18 39	13 1 26 24	15 17 13 16	15 13 10 1	15 30	14 1 13	2 36 26 18	14 30 28 23	10 26 34 2
6: Area of stationary	17 32	17 7 30	10 14 18 39	30 16	10 35 4 18	2 18 40 4	32 35 40 4	26 28 32 3	2 29 18 36	27 2 39 35	22 1 40	40 16	16 4	16	15 16	1 18 36	2 35 30 18	23	10 15 17 7
7: Volume of moving object	35 6 13 18	7 15 13 16	36 39 34 10	2 22	2 6 34 10	29 30 7	14 1 40 11	25 26 28	25 28 2 16	22 21 27 35	17 2 40 1	29 1 40	15 13 30 12	10	15 29	26 1	29 26 4	35 34 16 24	10 6 2 34
8: Volume of stationary	30 6	-	10 39 35 34	-	35 16 32 18	35 3	2 35 16	-	35 10 25	34 39 19 27	30 18 35 4	35	-	1	-	1 31	2 17 26	-	35 37 10 2
9: Speed	19 35 38 2	14 20 19 35	10 13 28 38	13 26	-	10 19 29 38	11 35 27 28	28 32 1 24	10 28 32 25	1 28 35 23	2 24 35 21	35 13 8 1	32 28 13 12	34 2 28 27	15 10 26	10 28 4 34	3 34 27 16	10 18	-
10: Force (Intensity)	19 35 18 37	14 15	8 35 40 5	-	10 37 36	14 29 18 36	3 35 13 21	35 10 23 24	28 29 37 36	1 35 40 18	13 3 36 24	15 37 18 1	1 28 3 25	15 1 11	15 17 18 20	26 35 10 18	36 37 10 19	2 35	3 28 35 37
11: Stress or pressure	10 35 14	2 36 25	10 36 3 37	-	37 36 4	10 14 36	10 13 19 35	6 28 25	3 35	22 2 37	2 33 27 18	1 35 16	11	2	35	19 1 35	2 36 37	35 24	10 14 35 37
12: Shape	4 6 2	14	35 29 3 5	-	14 10 34 17	36 22	10 40 16	28 32 1	32 30 40	22 1 2 35	35 1	1 32 17 28	32 15 26	2 13 1	1 15 29	16 29 1 28	15 13 39	15 1 32	17 26 34 10
13: Stability of the object	32 35 27 31	14 2 39 6	2 14 30 40	-	35 27	15 32 35	-	13	18	35 24 30 18	35 40 27 39	35 19	32 35 30	2 35 10 16	35 30 34 2	2 35 22 26	35 22 39 23	1 8 35	23 35 40 3
14: Strength	10 26 35 28	35	35 28 31 40	-	29 3 28 10	29 10 27	11 3	3 27 16	3 27	18 35 37 1	15 35 22 2	11 3 10 32	32 40 25 2	27 11 3	15 3 32	2 13 25 28	27 3 15 40	15	29 35 10 14
15: Duration of action	19 10 35 38	-	28 27 3 18	10	20 10 28 18	3 35 10 40	11 2 13	3	3 27 16 40	22 15 33 28	21 39 16 22	27 1 4	12 27	29 10 27	1 35 13	10 4 29 15	19 29 39 35	6 10	35 17 14 19
16: Duration of action	16	-	27 16 18 38	10	28 20 10 16	3 35 31	34 27 6 40	10 26 24	-	17 1 40 33	22	35 10	1	1	2	-	25 34 6 35	1	20 10 16 38
17: Temperature	2 14 17 25	21 17 35 38	21 36 29 31	-	35 28 21 18	3 17 30 39	19 35 3 10	32 19 24	24	22 33 35 2	22 35 2 24	26 27	26 27	4 10 16	2 18 27	2 17 16	3 27 35 31	26 2 19 16	15 28 35
18: Illumination intensity	32	13 16 1 6	13 1	1 6	19 1 26 17	1 19	-	11 15 32	3 32	15 19	35 19 32 39	19 35 28 26	28 26 19	15 17 13 16	15 1 19	6 32 13	32 15	2 26 10	2 25 16
19: Use of energy by moving	6 19 37 18	12 22 15 24	35 24 18 5	-	35 38 19 18	34 23 16 18	19 21 11 27	3 1 32	-	1 35 6 27	2 35 6	28 26 30	19 35	1 15 17 28	15 17 13 16	2 29 27 28	35 38	32 2	12 28 35
20: Use of energy by stationary	-	-	28 27 18 31	-	-	3 35 31	10 36 23	-	-	10 2 22 37	19 22 18	1 4	-	-	-	-	19 35 16 25	-	1 6
21: Power	*	10 35 38	28 27 18 38	10 19	35 20 10 6	4 34 19	19 24 26 31	32 15 2	32 2	19 22 31 2	2 35 18	26 10 34	26 35 10	35 2 10 34	19 17 34	20 19 30 34	19 35 16	28 2 17	28 35 34
22: Loss of Energy	3 38	*	35 27 2 37	19 10	10 18 32 7	7 18 25	11 10 35	32	-	21 22 35 2	21 35 2 22	-	35 32 1	2 19	-	7 23	35 3 15 23	2	28 10 29 35
23: Loss of substance	28 27 18 38	35 27 2 31	*	-	15 18 35 10	6 3 10 24	10 29 39 35	16 34 31 28	35 10 24 31	33 22 30 40	10 1 34 29	15 34 33	32 28 2 24	2 35 34 27	15 10 2	35 10 28 24	35 18 10 13	35 10 18	28 35 10 23
24: Loss of Information	10 19	19 10	-	*	24 26 28 32	24 28 35	10 28 23	-	-	22 10 1	10 21 22	32	27 22	-	-	-	35 33	35	13 23 15
25: Loss of Time	35 20 10 6	10 5 18 32	35 18 10 39	24 26 28 32	*	35 38 18 16	10 30 4	24 34 28 32	24 26 28 18	35 18 34	35 22 18 39	35 28 34 4	4 28 10 34	32 1 10	35 28	6 29	18 28 32 10	24 28 35 30	-
26: Quantity of substance/the	35	7 18 25	6 3 10 24	24 28 35	35 38 18 16	*	18 3 28 40	13 2 28	33 30	35 33 29 31	3 35 40 39	29 1 35 27	35 29 25 10	2 32 10 25	15 3 29	3 13 27 10	3 27 29 18	8 35	13 29 3 27
27: Reliability	21 11 26 31	10 11 35	10 35 29 39	10 28	10 30 4	21 28 40 3	*	32 3 11 23	11 32 1	27 35 2 40	35 2 40 26	-	27 17 40	1 11	13 35 8 24	13 35 1	27 40 28	11 13 27	1 35 29 38
28: Measurement accuracy	3 6 32	26 32 27	10 16 31 28	-	24 34 28 32	2 6 32	5 11 1 23	*	-	28 24 22 26	3 33 39 10	6 35 25 18	1 13 17 34	1 32 13 11	13 35 2	27 35 10 34	26 24 32 28	28 2 10 34	10 34 28 32
29: Manufacturing precision	32 2	13 32 2	35 31 10 24	-	32 26 28 18	32 30	11 32 1	-	*	26 28 10 36	4 17 34 26	-	1 32 35 23	25 10	-	26 2 18	-	26 28 18 23	10 18 32 39
30: Object-affected harmful	19 22 31 2	21 22 35 2	33 22 19 40	22 10 2	35 18 34	35 33 29 31	27 24 2 40	28 33 23 26	26 28 10 18	*	-	24 35 2	2 25 28 39	35 10 2	35 11 22 31	22 19 29 40	22 19 29 40	33 3 34	22 35 13 24
31: Object-generated harmful	2 35 18	21 35 2 22	10 1 34	10 21 29	1 22	3 24 39 1	24 2 40 39	3 33 26	4 17 34 26	-	*	-	-	-	-	19 1 31	2 21 27 1	2	22 35 18 39
32: Ease of manufacture	27 1 12 24	19 35	15 34 33	32 24 18 16	35 28 34 4	35 23 1 24	-	1 35 12 18	-	24 2	-	*	2 5 13 16	35 1 11 9	2 13 15	27 26 1	6 28 11 1	8 28 1	35 1 10 28
33: Ease of operation	35 34 2 10	2 19 13	28 32 2 24	4 10 27 22	4 28 10 34	12 35	17 27 8 40	25 13 2 34	1 32 35 23	2 25 28 39	-	2 5 12	*	12 26 1 32	15 34 1 16	32 26 12 17	-	1 34 12 3	15 1 28
34: Ease of repair	15 10 32 2	15 1 32 19	2 35 34 27	-	32 1 10 25	2 28 10 25	11 10 1 16	10 2 13	25 10	35 10 2 16	-	1 35 11 10	1 12 26 15	*	7 1 4 16	35 1 13 11	-	34 35 7 13	1 32 10
35: Adaptability or versatility	19 1 29	18 15 1	15 10 2 13	-	35 28	3 35 15	35 13 8 24	35 5 1 10	-	35 11 32 31	-	1 13 31	15 34 1 16	1 16 7 4	*	15 29 37 28	1	27 34 35	35 28 6 37
36: Device complexity	20 19 30 34	10 35 13 2	35 10 28 29	-	6 29	13 3 27 10	13 35 1	2 26 10 34	26 24 32	22 19 29 40	19 1	27 26 1 13	27 9 26 24	1 13	29 15 28 37	*	15 10 37 28	15 1 24	12 17 28
37: Difficulty of detecting	18 1 16 10	35 3 15 19	1 18 10 24	35 33 27 22	18 28 32 9	3 27 29 18	27 40 28 8	26 24 32 28	-	22 19 29 28	2 21	5 28 11 29	2 5	12 26	1 15	15 10 37 28	*	34 21	35 18
38: Extent of automation	28 2 27	23 28	35 10 18 5	35 33	24 28 35 30	35 13	11 27 32	28 26 10 34	28 26 18 23	2 33	2	1 26 13	1 12 34 3	1 35 13	27 4 1 35	15 24 10	34 27 25	*	5 12 35 26
39: Productivity	35 20 10	28 10 29 35	28 10 35 23	13 15 23	-	35 38	1 35 10 38	1 10 34 28	18 10 32 1	22 35 13 24	35 22 18 39	35 28 2 24	1 28 7 10	1 32 10 25	1 35 28 37	12 17 28 24	35 18 27 2	5 12 35 26	*

Ma qual è il "cuore" della metodologia TRIZ e **come puoi applicarla**?

1) Devi iniziare formulando il problema particolare o una barriera all'innovazione, oppure una difficoltà a soddisfare un bisogno o un'esigenza dell'utente o del consumatore. In termini TRIZ, tali problemi si chiamano *contraddizioni.*
2) Procedi individuando i parametri che entrano in contraddizione cercando di generalizzarli. Per far questo puoi aiutarti leggendo i *39 parametri ingegneristici* (*Engineering Parameters*).
3) Per ogni coppia di parametri ingegneristici che entrano in contraddizione e per i quali non riesci a trovare una soluzione, entri nella matrice delle contraddizioni sulla riga e sulla colonna corrispondente e leggi i principi inventivi consigliati per risolvere la contraddizione (i principi da utilizzare li leggi nella cella corrispondente trovata).
4) Cerchi di applicare i principi inventivi per risolvere le contraddizioni e ripeti l'operazione per altre coppie di parametri ingegneristici.

SEGRETO n. 17: in Italia ancora sono pochi i tecnici e gli

inventori che conoscono il metodo TRIZ! Tu potresti essere fra quelli che fin da subito possono trarne vantaggio.

Inizia da subito a utilizzare questa tecnica! Oggi puoi utilizzare anche dei software idonei a facilitare l'applicazione della metodologia TRIZ. Fra questi posso consigliarti:

- *Goldfire Innovator*: www.invention-machine.com;
- *Innovation Workbench*: www.ideationtriz.com.

Tu che inizi un approccio a questo eccezionale metodo inventivo, puoi iscriverti ad associazioni di settore in cui tecnici, inventori, ingegneri e progettisti condividono idee e *best practices* sul metodo. In Italia, le associazioni più importanti sono:

- *Apeiron* (http://www.apeiron-triz.org): qui puoi trovare molte risorse per approfondire il TRIZ e pian piano iniziare ad applicarlo a vari settori della tua vita professionale;
- *Centro di Competenza interuniversitario sull'Innovazione Sistematica* (http://www.innovazionesistematica.it).

Fuori dai nostri confini italiani le realtà più importanti sono:

- *Altshuller Institute for TRIZ Studies* (http://www.aitriz.org/);

- *The International TRIZ Association* (http://www.matriz.org);
- *European TRIZ Association* (http://etria.net/portal/);
- *The TRIZ journal* (http://www.triz-journal.com/).

In Italia il fermento intorno al metodo TRIZ sta iniziando ad aumentare, sia nelle Università che nei Circoli della Qualità. Da alcuni anni cominciano ad essere disponibili anche libri in lingua italiana come quello di Candido Sandra e Dmitri Wolfson, *Triz. Tecnologia per innovare* (Milano, Guerini e Associati). Ma anche la disponibilità di nuove periferiche di telefonia mobile come iPad e smartphone ti permette di sfruttare oggi, ovunque tu sia, la potenza del TRIZ grazie alle molteplici App sull'argomento. Fra le tante una molto semplice, efficace e gratuita è *<TRIZ>*.

L'icona dell'applicazione è la seguente e puoi trovarla su http://www.androidapps-home.com nella categoria *Business*.

Sito:	http://www.androidapps-home.com
Nome App.	TRIZ
Categoria:	Business
Tipo:	Gratuita

È sufficiente seguire le istruzioni a schermo scegliendo i due elementi della contraddizione tecnica che hai nel tuo problema inventivo (schermata a sinistra nell'immagine di seguito) e ti verranno proposti i principi inventivi (estratti dalla Matrice delle Contraddizioni) che possono aiutarti a risolverlo.

SEGRETO n. 18: oggi per te è molto più semplice acquisire e capire la metodologia TRIZ: sono disponibili software per computer, associazioni professionali e, addirittura, App per il tuo smartphone.

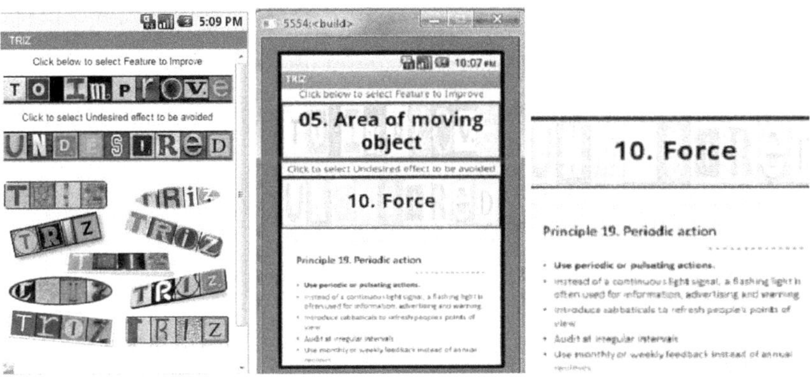

Figura 13 – App TRIZ scaricabile dal sito http://www.androidapps-home.com

RIEPILOGO DEL CAPITOLO 2:

- SEGRETO n. 11: Se hai amici o colleghi stravaganti o che hanno un "caratteraccio", meglio così. Spesso dietro queste personalità si celano grandi inventori che non sono consapevoli di esserlo: conviene considerarli dei potenziali soci nel campo della creatività.
- SEGRETO n. 12: L'esperienza può non essere la vera chiave di volta del processo inventivo. Frequentemente accade che ingegneri di grande esperienza non riescano a trovare soluzioni nuove a problemi nuovi.
- SEGRETO n. 13: Usa le mappe mentali! Con esse puoi avere le idee sempre a portata di mano in un'unica pagina, puoi conservare il processo di sviluppo creativo su un foglio di carta cogliendo l'intuizione nel momento in cui arriva, senza possibilità che sfugga dalla memoria!
- SEGRETO n. 14: Studia i metodi classici di stimolazione della creatività ma il mio consiglio è di sceglierne due da applicare con una certa frequenza in modo da prendere rapidamente dimestichezza con essi.
- SEGRETO n. 15: Il TRIZ non sostituisce i metodi classici di stimolazione della creatività ma, piuttosto, li segue. TRIZ ti

permette di trovare soluzioni a problemi inventivi.

- SEGRETO n. 16: Secondo il metodo TRIZ, le invenzioni più grandi della storia hanno tutte qualcosa in comune: i sistemi ingegneristici non si evolvono in modo casuale.
- SEGRETO n. 17: In Italia ancora sono pochi i tecnici e gli inventori che conoscono il metodo TRIZ! Tu potresti essere fra quelli che fin da subito possono trarne vantaggio.
- SEGRETO n. 18: Oggi per te è molto più semplice acquisire e capire la metodologia TRIZ: sono disponibili software per computer, associazioni professionali e, addirittura, App per il tuo smartphone.

CAPITOLO 3:

Come riordinare le tue idee e formalizzarle

Come scegliere l'idea migliore da portare avanti

Il punto di partenza per lo sviluppo di un progetto è dato dalla generazione delle idee: per arrivare alla realizzazione di un prodotto che sia di successo, occorre elaborare in primis molteplici soluzioni alternative da sottoporre a valutazione e selezione (modello dell'innovazione "a imbuto"). L'idea che verrà sviluppata dovrà presentare in particolare requisiti di originalità, profittabilità e appropriabilità e dovrà consentirti di sfruttare tutte le tue competenze e *skills* (oppure quelle di qualche tuo amico, collega o socio).

Dovrà però consentirti anche di evitare un rischio finanziario e di produrre un buon esito finale qui inteso come documento finale prodotto dalla ricerca che può consistere in una relazione, in una pubblicazione o meglio ancora in un progetto o disegno del nuovo prodotto o processo che hai studiato.

Ma *come fare per scegliere l'idea da portare avanti*? Dovrai essere in grado di svolgere una selezione, necessaria per ridurre il numero di idee a un gruppo sul quale poter eseguire analisi più approfondite. Ipotizzando che tu abbia più di un'idea degna di essere presa in considerazione ed essere sviluppata, potresti non avere certezze sull'efficacia di una piuttosto che l'altra.

Fra l'altro potresti non avere risorse finanziarie prontamente disponibili per portare avanti tutte le tue idee. Potresti scegliere grazie alla tua intuizione, oppure preferendo quella che più ti piace "a sensazione"! Ma così facendo potresti commettere grossolani errori di valutazione e magari scartare quella che, invece, avrebbe potuto portarti migliori risultati.

SEGRETO n. 19: per non sabotarti da solo spaventandoti per il grande lavoro che ti si prospetta davanti, il primo passo è scegliere le idee più profittevoli e portarle avanti per prime.

Per fare una scelta quantomeno oculata, pesata e non casuale, della migliore soluzione da portare avanti, esiste un metodo che, pur non potendo garantirti certezza assoluta, può permetterti di prendere in considerazione, per la scelta, tutti gli aspetti fondamentali, pesandoli con una ben definita importanza. Questo approccio metodologico non potrà scegliere l'idea migliore per tuo conto, ma ti potrà suggerire un modo per ordinare le tue idee e le tue percezioni rispetto alle invenzioni che vorresti brevettare per prime.

Questo metodo potremmo definirlo *Metodo della Matrice delle Scelte* oppure *Metodo della Scelta a Punteggio*, perché prevede l'assegnazione di un punteggio ai vari fattori che influiscono nella scelta. Esso permette di effettuare una scelta operando un confronto fra più soluzioni alternative sulla base di voci ritenute importanti per la scelta medesima. L'applicazione del metodo prevede le seguenti fasi.

Definizione delle alternative

Si definiscono per bene le alternative oggetto di studio: l'obiettivo sarà la scelta di quella più giusta per te (ad esempio: *Idea n. 1*, *Idea n. 2*, *Idea n. 3*). Non importa l'ordine di definizione, al momento sono tutte buone idee dalle quali poter ricavare una gran bella invenzione.

Definizione dei fattori di scelta

Si definisce l'elenco dei *fattori di scelta*, che potremmo chiamare anche *criteri di scelta.* Essi ti permetteranno di individuare i fattori caratterizzanti della scelta in base ai quali potrai esprimere un giudizio di confronto (ad esempio, complessità dell'invenzione, numero di componenti, facilità di sfruttamento economico, facilità di costruzione di un prototipo, livello di tecnologia necessaria ecc.).

È fondamentale in questa fase prendere coscienza di tutti i possibili fattori di scelta che, secondo te, potrebbero avere un impatto importante sulla decisione finale che prenderai. Concediti una giornata di calma e serenità per individuare il maggior numero di criteri, non tralasciare nulla, tanto ci sarà sempre tempo per raffinare la scelta dei fattori e limitarli a un numero più piccolo accorpandoli fra loro.

Definizione dei pesi dei vari fattori

Assegnazione del peso ad ogni fattore o criterio. Ora hai una lista molto dettagliata di fattori caratterizzanti che hanno influenza sulla tua scelta. Non sai ancora, però, quantificare il peso di ciascun fattore; per esempio quanto è importante un numero ridotto dei componenti dell'invenzione rispetto alla facilità di sfruttamento economico? Per ottenere i pesi percentuali di importanza relativa dei fattori, si può procedere nel seguente modo. Disponi i fattori su righe e colonne come qui di seguito.

	FATTORE 1	FATTORE 2	FATTORE 3	FATTORE 4	FATTORE 5
FATTORE 1		=	>	>>	>
FATTORE 2	=		>	<<	<<
FATTORE 3	<	<		>	>
FATTORE 4	<<	>>	<		>>
FATTORE 5	<	>>	<	<<	

Poi confronta i fattori a due a due per stabilire l'importanza reciproca attribuendo i seguenti simboli ad essi:

=	Uguale importanza
>	Più importante
>>	Molto più importante
<	Meno importante
<<	Molto meno importante

La matrice va riempita nella parte superiore perché quella inferiore (sotto la diagonale di celle annerite) è semplicemente simmetrica rispetto a quella superiore (vale a dire che, se nella parte superiore si ha "*fattore 1 > di fattore 4*", nella parte inferiore sarà ovviamente "*fattore 4 < di fattore 1*"). A questo punto si attribuiscono, per esempio, i seguenti pesi numerici ai simboli sopra definiti:

=	0
>	2
>>	4
<	0,5
<<	0,25

Ora nella tabella dei fattori, si sostituisce ad ogni simbolo il corrispondente peso numerico. Poi nella colonna "Pesi" si fa la somma dei valori sulla riga di ogni fattore, ottenendo i numeri 8, 2.5, 4, 4, 5.25. Poi si fa la somma dei numeri della colonna "Pesi" e si scrive il totale nella cella in giallo (totale 23,75). Per ottenere le percentuali indicate nella colonna "%" occorre dividere i valori dei pesi per il totale e moltiplicare per 100, per esempio:

8/23.75 x 100 = 34% circa.

4/23.75 x 100 = 17% circa.

Ovviamente è lecito arrotondare i valori ottenuti e dedurre che se 8 equivale al 34% allora 4 equivale alla metà cioè al 17%, l'ultimo valore percentuale equivalente al peso di 2.5 può dedursi per differenza, in quanto il totale delle percentuali deve dare 100%. Pertanto al peso di 2.5 equivale il valore percentuale del 10%.

	FATT. 1	FATT. 2	FATT. 3	FATT. 4	FATT. 5	PESI	%
FATTORE 1		=	>	>>	>	8	34%
FATTORE 2	=		>	<<	<<	2,5	10%
FATTORE 3	<	<		>	>	4	17%
FATTORE 4	<<	>>	<		>>	4	17%
FATTORE 5	<	>>	<	<<		5,25	22%
						23,75	100%

Perfetto. A questo punto conosciamo le percentuali in peso di ogni fattore, cioè l'importanza che ogni fattore ha per te riguardo la scelta delle possibili idee di invenzione.

Assegnazione dei voti ad ogni alternativa

Ora è necessario posizionare in una tabella, che chiameremo *Matrice delle Scelte*, tutti i fattori e, sulle colonne, le tre o quattro idee di invenzione che vorrai confrontare.

VOTI ASSEGNATI (da 1 a 10)				
	IDEA "A"	IDEA "B"	IDEA "C"	IDEA "D"
FATTORE 1	2	3	5	6
FATTORE 2	3	4	7	3
FATTORE 3	10	6	7	4
FATTORE 4	4	8	6	9
FATTORE 5	3	4	6	8

Per ogni idea A, B, C, D, assegnerai un voto da 1 a 10 (come i voti che si prendevano a scuola) in relazione ai fattori 1, 2, 3, 4, 5. Ad esempio, se il *Fattore 1* è "La complessità del prodotto inventato" e l'idea A prevede una complessità elevata del prodotto inventato, assegnerai un voto basso, perché la complessità per te potrebbe essere uno svantaggio. Quindi assegnerai 2 su 10 a tale idea A in relazione al *Fattore 1* "La complessità del prodotto inventato".

Calcolo del punteggio finale e conclusioni

Ultimo passo è calcolare il punteggio finale di ogni idea: il punteggio più alto identificherà quella cui dare priorità di sviluppo. A seguire ci saranno le altre, fino all'ultima che avrà il punteggio più basso. Vediamo come calcolare il punteggio finale. In maniera molto semplice si prende il voto assegnato all'*idea A* riguardo al *Fattore 1* (abbiamo assegnato un voto 2) e si moltiplica per il peso del *Fattore 1* cioè 34%, ottenendo 2 x 34%; e così via. Per concludere si fa la somma per colonna, ad esempio:

Per *l'idea A:* 2x34%+3x10%+10x17%+ 4x17%+3x22% = **4,02**

Per *l'idea B*: 3x34%+4x10%+6x17%+8x17%+4x22% = **4,68**

Per *l'idea C*: 5x34%+7x10%+7x17%+6x17%+6x22% = **5,93**

Per *l'idea D*: 6x34%+3x10%+4x17%+9x17%+8x22% = **6,31**

SEGRETO n. 20: non essere frettoloso e concentrati sul Metodo della Matrice delle Scelte: può sembrare a prima vista difficile, ma una volta capito il funzionamento diventa facile da usare e potrà aiutarti a scegliere in molti casi della tua vita!

PUNTEGGI FINALI				
	IDEA "A"	**IDEA "B"**	**IDEA "C"**	**IDEA "D"**
FATTORE 1 (pesa 34%)	**2 x 34**	**3 x 34**	**5 x 34**	**6 x 34**
FATTORE 2 (pesa 10%)	**3 x 10**	**4 x 10**	**7 x 10**	**3 x 10**
FATTORE 3 (pesa 17%)	**10 x 17**	**6 x 17**	**7 x 17**	**4 x 17**
FATTORE 4 (pesa 17%)	**4 x 17**	**8 x 17**	**6 x 17**	**9 x 17**
FATTORE 5 (pesa 22%)	**3 x 22**	**4 x 22**	**6 x 22**	**8 x 22**
TOTALE PUNTEGGIO	**4,02**	**4,68**	**5,93**	**6,31**

Confrontando i punteggi totali ottenuti, potrai concludere che l'idea che meglio ottimizza i fattori che tu stesso hai definito come fondamentali per la scelta, è l'*idea D* seguita dalla C, poi dalla B e per ultima la A (che presenta il punteggio più basso).

Cosa occorre per formalizzare l'idea

Finalmente hai deciso quale idea portare avanti grazie all'applicazione del metodo della Matrice delle Scelte. Ora devi occuparti di analizzare gli aspetti tecnici e progettuali della tua idea. Ci sono due modi per sviluppare questa parte del percorso che ti porterà a brevettare la tua idea:

- ti occupi personalmente dei disegni tecnici e delle valutazioni progettuali;
- ti rivolgi a un tecnico esperto, sia esso un ingegnere o un perito industriale.

La prima soluzione è fattibile se hai una preparazione tecnica di base e, probabilmente è così, visto che vuoi fare l'inventore! In caso contrario puoi rivolgerti a un tecnico ma non necessariamente a uno con molta esperienza. Infatti può andar bene anche un buon amico ingegnere meccanico (neolaureato o con pochi anni di esperienza lavorativa) oppure un perito industriale o un laureato in disegno industriale. Perché scegliere fra queste professionalità?

Perché per predisporre i disegni, verificare gli ingombri dei vari componenti, verificare l'assemblaggio delle parti, dimensionare di massima i componenti, occorre conoscere uno dei tanti software di disegno e progettazione industriale. Se, oltre che un aspirante inventore, sei anche uno studente di scuole tecniche o di facoltà universitarie tecniche, ti consiglio di cominciare fin da subito a studiare alcuni di questi software.

Infatti le più recenti tecniche di sviluppo dei nuovi prodotti prevedono l'utilizzo dei cosiddetti sistemi computerizzati CAD-CAE-CAM. Con l'acronimo CAD (*Computer Aided Design*) si fa riferimento a un sistema di progettazione e di testing del prodotto che avviene esclusivamente in ambiente virtuale.

Questi strumenti consentono in particolare di realizzare modelli del prodotto tridimensionali statici e in movimento, permettendoti di modificare in tempo reale le singole componenti e caratteristiche, e di confrontare le varianti mediante la manipolazione diretta del modello tridimensionale.

Esempi di programmi di questo tipo sono: *Creo 2.0* della PTC (www.ptc.com) prima denominato *Pro/Engineer Wildfire 5.0*, oppure *Solid Edge* (www.plm.automation.siemens.com), e ancora *SolidWorks* (www.solidworks.it) o *Inventor 3D* di Autodesk (http://usa.autodesk.com) e altri ancora. Questa tipologia di software 3D ti consente poi di eseguire, anche in ambiente virtuale tridimensionale, i vari test tecnici di sorta.

Tale possibilità in particolare rappresenta un enorme progresso per l'attività di prototipazione, non essendo praticamente più necessaria la realizzazione del prototipo fisico del prodotto e riducendo, in tal caso, anche i costi dell'attività di progettazione e sviluppo della tua idea e consentendo in altri casi uno studio più accurato dei fenomeni.

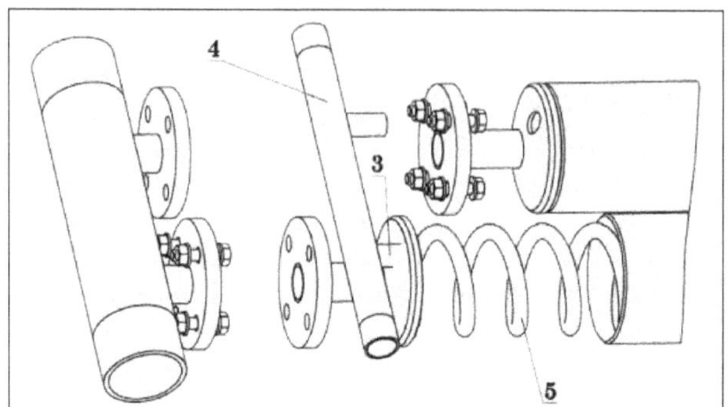

Figura 14 – Un disegno CAD predisposto con lo stile adatto all'utilizzo nei documenti brevettuali [Brevetto n. 0001370826]

La disponibilità di modelli 3D CAD ti permetterà di realizzare rapidamente tutti i disegni tecnici necessari per predisporre la documentazione brevettuale (da presentare rigorosamente in bianco e nero e in modalità *wireframe*, cioè solo linee, come mostrato nella figura precedente).

I sistemi CAE (*Computer Aided Engineering*) ti permettono di dimensionare le varie componenti del tuo progetto, eseguendo analisi strutturali e dandoti informazioni riguardo la possibile rottura o meno delle parti che costituiscono l'assieme. Fra questi programmi puoi andare a esplorare i seguenti: ancora *Creo 2.0* della PTC (www.ptc.com), Ansys 14.0 (www.ansys.com), Autodesk AutoCAD Mechanical (http://usa.autodesk.com), MSC

Nastran della MSC Software (www.mscsoftware.com) e altri ancora. L'inventore può sfruttare queste opportunità software per definire meglio la sua invenzione e avere più successo quando andrà a proporla a possibili finanziatori o acquirenti, in quanto essa risulterà già discretamente ingegnerizzata (cioè già abbastanza pronta per la futura realizzazione).

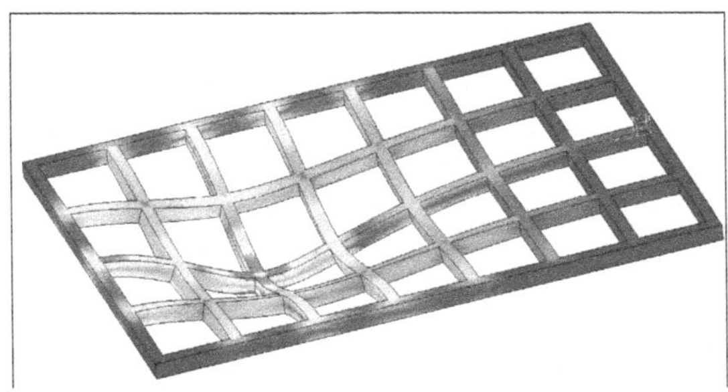

Figura 15 – Esempio di risultato di analisi CAE su un telaio a forma reticolare. Ad ogni sfumatura di colore corrisponde un valore dello stress subito dalla struttura. [Analisi FEM svolta a cura dell'autore]

I sistemi CAM (*Computer Aided Manufacturing*) prevedono invece come suggerisce il termine stesso, l'utilizzo del computer a supporto della produzione. Questa fase, però, interessa meno l'inventore.

SEGRETO n. 21: se vuoi davvero portare fino in fondo la tua idea e brevettarla ti consiglio di cominciare fin da subito a

studiare un software CAD/CAE. Se non hai dimestichezza con la tecnica ma sei solo un creativo, fatti aiutare da un amico o da un "socio" che sappia utilizzare questi programmi e sviluppa insieme a lui la tua idea.

Di qui l'importanza della tua formazione culturale in ambito tecnico o della tua capacità di trovare un valido partner se vuoi sfruttare al massimo le tue capacità inventive senza spendere troppo in consulenze esterne.

Per la tua formazione in materia di progettazione *CAD-CAE-CAM* ti consiglio uno dei miei libri, che utilizzo anche nella formazione universitaria, e che può spiegarti i segreti pratici della progettazione di componenti meccanici. Il titolo è *CAD/CAM 3D: Studi di progettazione e produzione di un componente meccanico* (Edizioni Savine, 2010).

Se hai necessità di realizzare un prototipo fisico della tua invenzione, in scala ridotta, oppure in scala 1:1, puoi sempre rivolgerti a piccole società che utilizzano macchine additive di prototipazione rapida (*Rapid Prototyping*). Le tecnologie con miglior rapporto qualità/prezzo, che mi sento di consigliarti, sono la *FDM* (*Fused Deposition Modeling* – www.stratasys.com) e la *3DP* (*3D Printing* – www.zcorp.com). Informazioni su macchine e materiali sono disponibili sui siti web dei produttori.

Trovare i partner giusti

Se, invece, hai moltissime idee per la mente, ma non sai come fare per portarle avanti da solo seguendo l'algoritmo che ti sto spiegando in questo corso, puoi sempre farti aiutare da un amico che può benissimo diventare un tuo socio, oppure anche da due tre amici, ognuno con una particolare attitudine. Il vantaggio di lavorare in gruppo è, in primis, l'aumento degli stimoli e della motivazione: ognuno stimola l'altro a non arrendersi! Inoltre, unendo le forze, il problema di studiare la soluzione, preparare la documentazione ecc. diventa meno arduo.

Ma chi scegliere? Nel tuo gruppo di lavoro devi inserire un'equilibrata combinazione di profili personali. Infatti, in ogni gruppo di progettazione coesistono sempre diverse personalità e stili di relazione; gli studi organizzativi e le innumerevoli esperienze aziendali dimostrano che in un gruppo efficace devono coesistere persone più orientate alla gestione e più comunicative, che di solito hanno un ruolo propulsivo per i progetti e che possiamo definire *promotori*, e altre con personalità più introverse e orientate all'analisi dei problemi progettuali, che chiameremo *analitici*. Quindi se non hai particolari competenze tecniche, puoi svolgere il ruolo di promotore; dovrai scegliere poi fra i tuoi amici o colleghi una persona a te complementare, un analitico.

Il gruppo funziona ancora meglio se andrai ad aggiungere dei soggetti più orientati alla relazione interpersonale, senza particolare pulsione verso il comando e il primato nel gruppo, i *facilitatori*, i quali svolgono un prezioso lavoro di "saldatura" e di mediazione. Questi riescono a rendere coeso il gruppo, stuzzicano gli incontri anche non programmati, e in luoghi poco convenzionali. Inoltre sono importanti i *controllori*, poco estroversi ma con qualità spiccate di controllo e revisione di quanto è stato fatto; di solito sono forti realizzatori che tendono a cercare la via più breve per mettere in pratica le idee e gli studi dei colleghi. Se riesci a formare un gruppo di quattro/cinque persone, te compreso, hai realizzato un buon mix fra questi quattro tipi fondamentali che potrebbe portarti a non poche soddisfazioni professionali. D'altronde da soli difficilmente si arriva molto lontano.

È naturale che il leader del gruppo di lavoro, che dovresti essere tu in qualità di promotore, non debba cercare di cambiare gli stili relazionali dei componenti del gruppo, stili che hanno radici molto profonde nella struttura delle personalità dei singoli membri; anzi deve cercare di creare l'ambiente giusto per far esaltare le qualità personali di ciascuno.

Una volta messo in campo il gruppo di lavoro occorre pianificare tutte le attività che devono essere svolte in modo da avere un'idea di quanto tempo sarà necessario per giungere al tanto sognato giorno in cui presenterai la tua prima domanda di brevetto.

Pianifica le attività di sviluppo dell'idea

Sono numerose le tecniche utilizzate oggi nel Project Management per la gestione dell'attività di sviluppo di un'idea progettuale. Alcune di esse sono note come *Tecniche Reticolari per la Pianificazione dei Progetti* perché si basano sulla rappresentazione grafica dei reticoli con l'obiettivo di effettuare lo scheduling delle attività (per ciascuna data di inizio e fine) e di conseguenza valutare la durata dell'intero progetto; eseguire inoltre l'analisi dei ritardi (o slittamenti) possibili tra le attività, senza necessariamente determinare un allungamento della durata totale.

Ogni team di progettazione, per quanto affiatato, ha bisogno di un coordinatore e di un metodo di pianificazione delle attività di progettazione. Anche il tuo gruppo di lavoro, messo su con tanto impegno per sviluppare un'idea comune, non può esimersi dal pianificare le attività da svolgere; altrimenti rischierai di non rispettare i patti con te stesso e con il gruppo.

Quante volte potenziali idee brillanti vengono boicottate dagli stessi componenti del gruppo di lavoro e muoiono prima ancora di vedere la luce? Ciò è dovuto al fatto che, durante lo svolgimento delle attività progettuali, possono subentrare nel gruppo una serie di sentimenti e sensazioni limitanti come pigrizia, sconforto, paura di non farcela, perdita della "bussola", incapacità di capire a quale punto ci si trova e dove si vuole arrivare.

Ecco perché occorre prima identificare tutte le attività che si prevedono di affrontare, l'obiettivo finale da raggiungere, la data entro cui terminare il progetto. Le tecniche di pianificazione possono aiutarti proprio in questa difficile fase dello *start up* dell'idea.

SEGRETO n. 22: per raggiungere più velocemente e meglio i tuoi traguardi professionali nel settore delle invenzioni e dei brevetti, dovresti formare un piccolo gruppo di persone affiatate realizzando un mix efficace di competenze professionali. Sarai tu il coordinatore e dovrai essere in grado di pianificare le attività di progettazione.

Fra le tecniche di pianificazione, le più note a progettisti e ingegneri sono:

- *i diagrammi di Gantt*: metodo deterministico (cioè che non utilizza le tecniche del calcolo delle probabilità) semplice ma efficace basato su rappresentazioni per mezzo di barre temporali orizzontali;
- *il Metodo PERT* (*Program Evaluation & Review Technique*), è invece di tipo probabilistico, come i suoi diretti successori

GERT e VERT. Venne ideato nel 1962 dalla Lockeed per conto della marina USA, nell'ambito della progettazione e costruzione dei primi sottomarini atomici armati di missili balistici. Il Progetto, chiamato col nome in codice *Polaris*, fu uno dei più complessi mai gestiti, con 2250 ditte appaltatrici e oltre 9000 subappaltatori e fu terminato in 4 anni;

- *il Metodo CPM* (*Critical Path Method*) introdotto nel 1957 e messo a punto dalla Catalytic Contruction Company per la costruzione di uno stabilimento della Dupont Corporation. Si tratta di una rappresentazione a grafo simile al PERT ma di tipo deterministico;
- *il Metodo MPM* (*Metra Potential Method*), ideato dall'Università di Stanford e introdotto con l'avvento dei primi calcolatori, è anch'esso di tipo deterministico;
- *il Metodo GERT* (*Graphical Evaluation & Review Technique*), ebbe applicazione nel progetto Apollo della NASA, che consentì nel 1969 di portare due uomini sul suolo lunare. Permette trattamenti probabilistici sia nella logica sia nelle durate. Evidenzia l'influenza di attività che potrebbero avvenire solo in determinate condizioni legate a fattori casuali.
- *Il Metodo VERT* (V*enture Evaluation & Review Technique*),

ideato nel 1975 e tuttora in evoluzione. È caratterizzato dal fatto che sia i tempi di inizio, di fine, ma anche le interconnesioni tra le varie attività, sottostanno a calcoli probabilistici. È utilizzato soprattutto nel calcolo di eventi e progetti finanziari.

Certamente progetti innovativi e molto complessi, con pochi precedenti in termini di esperienze pregresse, richiedono metodologie di previsione raffinate come il PERT e i metodi derivati da esso. Questi metodi complessi si usano principalmente in caso di grandi progetti con attività non omogenee, alcune delle quali ad alto rischio economico (impianti chimici, impianti a recupero di energia), quindi sono applicabili alla fascia "alta" dei progetti da pianificare.

Nel caso della *pianificazione dello sviluppo di invenzioni*, è sicuramente più adatto un metodo semplice che non richieda la conoscenza di strumenti matematici eccessivamente complessi. Il metodo che consiglio per lo sviluppo delle invenzioni è il Metodo di Gantt. Ad Herny Gantt (ingegnere industriale, 1917) si deve la prima rappresentazione per la previsione dei risultati di tempo,

costo, qualità e quantità nel project management.
L'istogramma di Gantt (o *Diagramma di Gantt*) è un grafico che rappresenta la relazione temporale delle fasi di un progetto. Ogni fase del progetto è rappresentata da una linea posta sul grafico nel momento in cui deve essere iniziata. Quando completato, l'istogramma di Gantt mostra il flusso delle attività in sequenza, attività definite "in serie", come pure quelle che possono essere intraprese contemporaneamente, dette attività "in parallelo".

Per compilare l'istogramma di Gantt occorre innanzitutto riunirsi con il gruppo di lavoro ed elencare le fasi necessarie per completare il progetto, stimando tutti insieme il tempo necessario per ogni fase. Si segnano poi le varie fasi sulla parte sinistra dell'istogramma (cioè sull'asse verticale del diagramma) e gli intervalli di tempo alla base (cioè sull'asse orizzontale del diagramma). Si traccia una linea attraverso il grafico per ogni fase, iniziando alla data di inizio programmata e finendo alla data di completamento di quella fase.

Quando l'istogramma di Gantt è completo si può definire il tempo totale minimo del progetto, l'esatta sequenza delle fasi e quali fasi possono essere iniziate in parallelo. Ecco un semplice esempio di diagramma: sull'asse verticale le *attività a,b,c,d,e*; sull'asse orizzontale i tempi, misurati in giorni o settimane a seconda dell'orizzonte temporale del progetto (se intendi terminare il progetto in un anno è inutile avere un asse orizzontale graduato in giorni, meglio utilizzare le settimane). Oggi sono disponibili molti programmi per realizzare diagrammi di Gantt con il computer. Occorre che tu definisca tutte le attività associando ad esse una stima della data di inizio e di fine.

È necessario poi definire le propedeuticità delle attività (cioè definire se una data attività, per poter iniziare, deve prima terminarne un'altra). Infine sarà il software a creare il diagramma automaticamente. Qui sotto un semplice diagramma di Gantt.

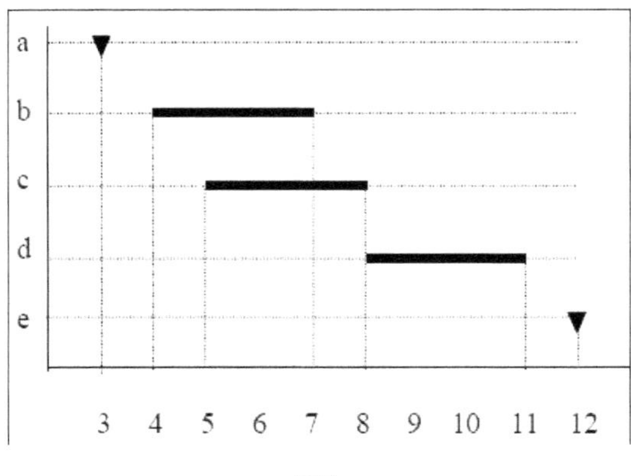

Figura 16 – Esempio di diagramma di Gantt

SEGRETO n. 23: impara a utilizzare il metodo di Gantt per pianificare il tuo progetto. Oggi sono disponibili software in grado di rendere semplicissimo il processo di pianificazione.

Qui di seguito invece troviamo un esempio di risultati ottenuti con un software di pianificazione. Si tratta di un semplice estratto di attività iniziali. Infatti il diagramma completo consta di molte più attività. L'esempio si riferisce allo sviluppo di una nuova idea di prototipo di piccolo elicottero a quattro rotori, sviluppato da due miei allievi universitari.

	Task	Inizio	Fine	Durata
	SVILUPPO INVENZIONE "A"	10/4/12	19/5/12	40
1	Preworking	10/4/12	14/4/12	5
1.1	Ricerca di mercato	10/4/12	12/4/12	3
1.2	Ricerca di anteriorità	10/4/12	12/4/12	3
1.3	Sketch	13/4/12	13/4/12	1
1.4	Valutazione specifiche	13/4/12	14/4/12	2
2	Assieme Elica-motore	15/4/12	24/4/12	10
2.1	Motore	15/4/12	15/4/12	1
2.2	Elica	15/4/12	16/4/12	2
2.3	Albero elica	17/4/12	17/4/12	1
2.4	Fermo elica	17/4/12	17/4/12	1
2.5	Cuscinetto albero	18/4/12	18/4/12	1
2.6	Ingranaggio motore 1	18/4/12	19/4/12	2
2.7	Ingranaggio motore 2	20/4/12	21/4/12	2

Figura 17 – Particolare di un diagramma di Gantt sviluppato con l'ausilio di un software

Ora che hai capito quanto sia importante pianificare le attività per avere una ragionevole certezza che il tuo gruppo di lavoro non si "perda lungo la strada", resta un solo tassello per completare il percorso di questo algoritmo dell'inventore: come proteggerai la tua idea sviluppata?

RIEPILOGO DEL CAPITOLO 3:

- SEGRETO n. 19: Per non sabotarti da solo spaventandoti per il grande lavoro che ti si prospetta davanti, il primo passo è scegliere le idee più profittevoli e portarle avanti per prime.
- SEGRETO n. 20: Non essere frettoloso e concentrati sul Metodo della Matrice delle Scelte: può sembrare a prima vista difficile, ma una volta capito il funzionamento diventa facile da usare e potrà aiutarti a scegliere in molti casi della tua vita!
- SEGRETO n. 21: Se vuoi davvero portare fino in fondo la tua idea e brevettarla ti consiglio di cominciare fin da subito a studiare un software CAD/CAE. Se non hai dimestichezza con la tecnica ma sei solo un creativo, fatti aiutare da un amico o "socio" che sappia utilizzare questi programmi e sviluppa insieme a lui la tua idea.
- SEGRETO n. 22: Per raggiungere più velocemente e meglio i tuoi traguardi professionali nel settore delle invenzioni e dei brevetti, dovresti formare un piccolo gruppo di persone affiatate realizzando un mix efficace di competenze professionali. Sarai tu il coordinatore e dovrai essere in grado di pianificare le attività di progettazione.
- SEGRETO n. 23: Impara a utilizzare il metodo di Gantt per

pianificare il tuo progetto. Oggi sono disponibili software in grado di rendere semplicissimo il processo di pianificazione.

CAPITOLO 4:
Come proteggere le tue idee

Un primo modo per proteggere la propria idea

Finalmente la tua idea si è formata nella tua mente e sei riuscito a svilupparne dei disegni rappresentativi e una descrizione dettagliata. Hai anche capito a chi potrebbe interessare e quindi hai intenzione di proporla a qualcuno, a delle aziende che potrebbero essere interessate a comprarla.

Il primo problema che sorge è: **come proteggere la tua idea**? La risposta sembrerebbe semplice: brevettarla! Ma all'atto pratico, molti dubbi possono assalirti. Come si fa per brevettarla? Quanto costa? Con chi devo parlarne? E se parlandone con qualcuno mi viene rubata l'idea? In effetti prima di arrivare a brevettare la tua idea, potresti avere necessità di rivolgerti a qualcuno che possa aiutarti a svilupparla dal punto di vista tecnico, o che ti aiuti a preparare i disegni descrittivi.

È vero, il rischio che qualcuno possa rubarti l'idea esiste, soprattutto se l'intuizione è molto interessante (vedi il moderno esempio di Facebook e del suo presunto inventore). Se devi parlare della tua idea con un tecnico, di modo che possa aiutarti a svilupparla, potrebbe accadere che l'idea ti venga rubata se il tecnico è scorretto e senza scrupoli. Allora come fare?

Intanto ti consiglio di rivolgerti sempre a tecnici professionisti, iscritti a un albo (ingegneri, architetti ecc.) perché devono osservare per regolamento il principio deontologico di segretezza e riservatezza.

SEGRETO n. 24: non divulgare la tua idea per nessun motivo e in nessun modo prima di aver preso delle importanti precauzioni. Non farti tentare dalla voglia di far conoscere la tua idea alle persone, agli amici, al mondo.

Ma per avere la possibilità di poter rivendicare la tua proprietà dell'idea nei confronti di persone o aziende che tentino di svilupparla al tuo posto una volta venute a conoscenza dell'opportunità, devi fare in modo di avere qualcosa fra le mani in grado da dimostrare con certezza oggettiva la tua proprietà.

Per prima cosa *non pubblicare la notizia da nessuna parte*: non scrivere nessuna descrizione su social network, email a parenti e amici, blog ecc. Ovviamente nessuna immagine o schizzo del principio di funzionamento dovrà essere diffusa. Devi evitare di esporre ingenuamente i dettagli tecnici che caratterizzano la tua idea, soprattutto ad aziende e studi di progettazione, per evitare che si impadroniscano dei particolari tecnici e che possano poi utilizzare queste conoscenze per sviluppare un oggetto simile e avviarlo sul mercato, sfruttando la loro forza economica. Preferibilmente non parlarne con nessuno fino a quando non fai ciò che ti spiego al punto successivo.

Prepara, in completa riservatezza e per iscritto, *una descrizione molto dettagliata dell'idea*, con immagini, schizzi a mano libera o al CAD, schemi del principio di funzionamento. Timbra con un datario e firma ogni pagina, poi inserisci tutto in una busta formato A4 e **spediscila a te stesso**! Vai alle Poste e fai una raccomandata con ricevuta di ritorno con te stesso come destinatario. In questo modo dopo alcuni giorni ti arriverà per posta sia la busta che la ricevuta di ritorno. La busta non dovrà essere aperta, ma dovrai tenerla chiusa a garanzia del contenuto e con il timbro delle Poste, a garanzia della data di spedizione. In questo modo avrai sempre la possibilità di dimostrare la paternità dell'invenzione mediante apertura della busta e dimostrazione del contenuto.

Questo metodo (a basso costo, il solo costo della raccomandata postale) può essere utile nella fase iniziale di concepimento dell'idea, quando non sei ancora protetto da un brevetto depositato ma stai preparando il progetto di presentazione della domanda e hai necessità di parlare con qualcuno e farti aiutare.

Un metodo alternativo che offre una maggior protezione e garanzia nella fase pre-brevetto, è quello di *ricorrere a un notaio*. I documenti da preparare sono gli stessi di quelli al punto precedente. Ciò che cambia è che dovrai rivolgerti a un notaio, al quale consegnerai la busta e chiederai di autenticarne il contenuto, la proprietà e la firma dell'autore. Il costo è maggiore ma sempre nell'ordine di qualche centinaio di euro, quindi sostenibile per proteggere la tua formidabile idea anche in fase di sviluppo iniziale. A questo punto sei in grado di poter parlare della tua idea interagendo con un possibile partner economico, ma la prudenza consiglia sempre di evitare un'esposizione completa e dettagliata a interlocutori di cui non si abbia piena fiducia; pertanto seleziona attentamente chi può aiutarti a sviluppare il tuo brevetto.

Cosa si intende per brevetto

Il brevetto è lo strumento giuridico che conferisce all'autore di un'invenzione il monopolio temporaneo di sfruttamento dell'invenzione stessa, ossia il diritto di escludere terzi dall'attuare l'invenzione e dal trarne profitto. Il brevetto rappresenta pertanto un monopolio legale, se pur limitato territorialmente e temporalmente.

Tale monopolio si giustifica con il fatto che il sistema brevettuale è basato su una forma di *scambio*: il titolare del brevetto riceve protezione per la propria invenzione e in cambio è obbligato a svelare e a descrivere l'invenzione. Le domande di brevetto e i brevetti già concessi sono infatti pubblicati dagli uffici brevetti di tutto il mondo e ciò li rende una primaria fonte di informazione tecnico-scientifica. Offrendo protezione in cambio di divulgazione, il sistema brevettuale crea incentivi a investire in ricerca e sviluppo e garantisce alla società l'acquisizione immediata delle idee innovative.

Un'invenzione è generalmente definita come la soluzione nuova e innovativa in risposta a un problema tecnico. Tale invenzione può fare riferimento alla creazione di un congegno, prodotto, metodo o procedimento completamente nuovo, o può semplicemente rappresentare un miglioramento di un dato prodotto o procedimento già esistente.

Quindi, generalmente, la mera scoperta di qualcosa che già esiste in natura non può essere qualificata come un'invenzione; affinché si possa parlare di invenzione devono sussistere ingegno, creatività e inventiva.

SEGRETO n. 25: non perdere tempo se la tua idea è semplicemente la scoperta di qualcosa che già esiste in natura. Una buona invenzione è una soluzione nuova e innovativa in risposta a un problema tecnico o ad una esigenza o bisogno.

Quali sono i *requisiti per poter brevettare una tua idea*? Un'invenzione deve soddisfare un certo numero di requisiti. In particolare è necessario che l'invenzione:

- abbia come oggetto una *materia che sia brevettabile*;
- possegga il *requisito della novità*, cioè sia nuova;
- abbia il *requisito della non ovvietà* cioè implichi un'attività inventiva;
- possegga il *requisito dell'utilità* cioè possa avere una applicazione industriale nell'immediato futuro (qualche anno);
- possegga il *requisito burocratico di sufficiente descrizione* cioè sia descritta in modo chiaro e completo nella domanda di brevetto (in questa fase è utile la consulenza di un esperto).

In ogni caso, una tua idea potrà ottenere un brevetto di tipologia diversa a seconda del tipo e del livello di innovazione che presenta. Infatti si è soliti distinguere fra:

- *brevetto di invenzione industriale*: in sintesi, un brevetto di un'invenzione considerata davvero innovativa e che non sia una semplice derivazione di qualcosa di già esistente; inoltre dovrà avere ricadute industriali (v. art. 2585 c.c.). La legge base delle disposizioni in materia di brevetti per invenzioni industriali è addirittura contenuta in una legge del 1939 (R.D. 29 giugno 1939, n. 1127);

- *brevetto di Modello di Utilità*: l'art. 82 C.P.I. prevede che possono costituire oggetto di brevetto per modello di utilità i nuovi modelli atti a conferire particolare efficacia o comodità di applicazione o di impiego di macchine o parti di esse, strumenti, utensili ovvero oggetti di uso in genere, quali i nuovi modelli consistenti in particolari conformazioni, disposizioni, configurazioni o combinazioni di parti;
- *registrazione di un marchio*: il marchio è un segno che permette di distinguere i prodotti o i servizi, prodotti o distribuiti da un'impresa, da quelli delle altre aziende. Secondo l'Art. 7 del Codice della Proprietà Industriale (anche denominato C.P.I.) «possono costituire oggetto di registrazione come marchio d'impresa tutti i segni suscettibili di essere rappresentati graficamente, in particolare le parole, compresi i nomi di persone, i disegni, le lettere, le cifre, i suoni, la forma del prodotto o della confezione di esso, le combinazioni o le tonalità cromatiche, purché siano atti a distinguere i prodotti o i servizi di un'impresa da quelli di altre imprese».

- *registrazione di disegni e modelli*: l'espressione disegno (bidimensionale) o modello (tridimensionale) fa unicamente riferimento agli aspetti estetici o decorativi di un prodotto e non ai suoi caratteri tecnici o funzionali. Il disegno o modello è rilevante per una vasta gamma di prodotti dell'industria, della moda e dell'artigianato: dagli strumenti tecnici o medici agli orologi, gioielli e altri beni di lusso; dagli accessori per la casa, giocattoli, mobili e accessori elettrici, alle automobili, alle strutture architettoniche; dai motivi dei tessuti agli articoli per lo sport. Come regola generale, i disegni e modelli possono essere: di carattere bidimensionale (come la decorazione, forme, linee o colori di un prodotto); di carattere tridimensionale (come la forma di un prodotto); una combinazione di una o più di queste caratteristiche.

Tieni presente che i risultati di un tuo processo inventivo saranno per sempre tuoi dal punto di vista della proprietà intellettuale, mentre i diritti di speculazione potrai cederli a chi vuoi, pertanto sono trasferibili (v. art. 2589 c.c.). Se l'invenzione è da te sviluppata nell'esecuzione o nell'adempimento di un contratto o di un rapporto di lavoro, in cui l'attività inventiva è prevista come oggetto del contratto e a tale scopo retribuita, i diritti di speculazione derivanti dall'invenzione stessa appartengono al datore i lavoro, salvo il diritto spettante all'inventore di essere riconosciuto autore (art. 2590 c.c. e art. 23, R.D. n. 1127 del 1939).

Se invece non è prevista un'esplicita retribuzione per la tua creatività sul posto di lavoro, il diritto di speculazione spetta comunque al datore di lavoro, ma ti spetta un *equo premio*, per la determinazione del quale si terrà conto dell'importanza della tua invenzione. Molte altre informazioni utili puoi trovarle sul sito italiano www.uibm.gov.it dell'Ufficio Italiano Brevetti e Marchi.

SEGRETO n. 26: se inventi qualcosa mentre stai lavorando per altri, stai attento. La legge prevede una serie di particolari casistiche che è bene approfondire.

Il numero di brevetti presenti nel mondo è grandissimo; ne esistono, infatti, più di 20 milioni. Ogni brevetto contiene informazioni riguardo all'innovazione in questione, all'area tecnologica cui si riferisce l'invenzione, all'inventore e a eventuali altri brevetti cui fa riferimento.

In particolare il brevetto è costituito principalmente da cinque parti:

- *dati bibliografici*: in questa sezione sono riportate informazioni riguardanti l'inventore, la società, il numero del brevetto, la data di consegna e di pubblicazione, la classe brevettuale e gli eventuali brevetti citati;
- *riassunto (abstract)*: viene descritta in breve l'invenzione, solitamente con l'utilizzo di figure significative;
- *preambolo (background of the invention)*: in questa parte trovano chiarimento l'oggetto dell'invenzione, le sue applicazioni, il problema tecnico da risolvere, le principali soluzioni note, i vantaggi offerti dall'invenzione ecc.;
- *descrizione*: viene descritta nel dettaglio l'invenzione con riferimento ad alcuni disegni;
- *rivendicazioni (claims)*: si tratta di una serie di clausole nelle quali trovano definizione le soluzioni inventive di cui si rivendica la privativa; una forma tipica di stesura delle rivendicazioni prevede una *prima rivendicazione*, detta *rivendicazione principale*, che descrive l'oggetto inventato, e una serie di rivendicazioni, dipendenti dalla principale, relative a forme preferite di realizzazione di tale oggetto.

SEGRETO n. 27: la sezione più importante di una domanda di brevetto è quella definita CLAIMS (rivendicazioni). Se riesci a essere correttamente generico nella descrizione, contemplando varie casistiche, il tuo brevetto è inattaccabile.

I brevetti più facilmente registrabili sono sicuramente il brevetto italiano e quello europeo. Il brevetto italiano è il più semplice da registrare e quello con i costi più bassi, ma il livello di protezione è minore e limitato ai confini nazionali.

Il brevetto europeo offre maggiori protezioni ma bisogna considerare che non è l'unico brevetto valido in tutta Europa. Prima era necessario procedere con la convalida del brevetto concesso in tutti gli Stati che aderivano alla Convenzione. Dalla convalida si ottenevano tanti brevetti quanti erano gli Stati, previo deposito di testi brevettuali tradotti nelle specifiche lingue delle nazioni con costi di traduzione elevati (circa 2000/4000 euro a traduzione). Dal 2008, gli Stati aderenti alla Convenzione hanno siglato un accordo (il cosiddetto *Accordo di Londra*) con il quale **si rinuncia alle traduzioni in lingua locale**. Quindi l'autore dell'invenzione presenterà il brevetto, per esempio, in lingua inglese e potrà utilizzare questa domanda per il riconoscimento in altri Stati senza procedere a traduzioni. Quindi, se vorrai registrare un brevetto Europeo, è bene sapere che i costi sono nettamente scesi rispetto a qualche anno fa.

Ricorda che chiunque abbia intenzione di richiedere un brevetto o un marchio, sia a livello nazionale che internazionale, deve essere in grado di comprendere se la propria invenzione è completamente nuova o è già presente. Per questo motivo hai già eseguito una *ricerca di anteriorità*!

Il tuo brevetto sarà classificato mediante un codice riferito a un sistema di classificazione avente l'obiettivo di organizzare le informazioni riguardanti i brevetti in modo strutturato. Ad ogni invenzione, relativa a uno specifico campo tecnologico, viene assegnato (da una commissione dell'ufficio brevetti presso cui ci si rivolge) uno specifico codice di classificazione per la sezione, la classe, la sottoclasse e il gruppo nei quali risulta rientrare.

Abbiamo già visto nel capitolo relativo alla ricerca di anteriorità che il codice è formato da una lettera che identifica il primo livello. Il secondo livello è rappresentato dalle classi, indicate con un numero a due cifre; ogni classe è accompagnata da un titolo che ne permette di comprendere il contenuto.

D 01 *Natural or artificial threads or fibres; spinning*
D 02 *Yarns; mechanical finishing of yarns or ropes; warping or beaming*

Ogni classe si suddivide a sua volta in una o più sottoclassi distinte ancora da lettere. Continuando l'esempio, consideriamo la classe D 06; alcune delle sue sottoclassi sono:

D 06 B *Treating textile materials by liquids, gases or vapours*
D 06 C *Finishing, dressing, tentering or stretching textile fabrics*
D 06 F *Laundering, drying, ironing, pressing or folding textile articles*

L'ultimo livello è rappresentato dai gruppi e dai sottogruppi. Ogni gruppo è indicato da un numero a una, due o tre cifre; per esempio, riprendendo dalla sottoclasse D 06 F:

D 06 F 1 *Washing receptacles*
D 06 F 11 *Washing machines using rollers, e.g. of the mangle type*
D 06 F 18 *Washing machines having receptacles, ecc..*

Infine i sottogruppi sono indicati da un numero a due cifre preceduto da una barra obliqua ("/"). Per esempio considerando il gruppo D 06 F 37 si ha:

D 06 F 37 /02	*Rotary receptacles, e.g. drums*
D 06 F 37 /10	*Doors; Securing means therefore*

Oltre all'IPC, esistono altri sistemi di classificazione; uno di questi è la *European Classification* (ECLA), un'estensione del sistema IPC. Il compito di classificare i brevetti secondo la classificazione europea è affidato ad alcuni esaminatori dello *European Patent Office.*

Un ultimo sistema di classificazione importante è lo *United States Patent Classification System* (USPC), che suddivide i brevetti americani in base all'area tecnologica in cui si trova l'invenzione. Un principio fondamentale di questo sistema è che ogni classe è creata a partire da una prima analisi delle invenzioni presenti fra i brevetti americani.

Tutte le invenzioni simili sono raggruppate nella medesima classe; queste classi sono poi suddivise in unità di ricerca più piccole, chiamate sottoclassi.

Salvaguardare un'idea di design

Le regole per proteggere un'idea di design non sono affatto semplici quando si parla di estetica e sviluppo stilistico di un prodotto. L'Industrial Design di oggi non è semplicemente un design di forma, ma anche una possibile innovazione per funzionalità, materiali utilizzati, tecnologia utilizzata per la produzione. Anche a livello normativo, sono stati introdotti Tribunali specializzati nelle materie di tutela del design di oggetti, ma in questo modo non sono state ancora rimosse tutte le incertezze legate ai concetti di "prodotto innovativo" e di "caratteristiche di individualità di un prodotto".

SEGRETO n. 28: se la tua invenzione rientra nel settore dell'industrial design, puoi rivolgerti, in caso di contenzioso, al Giurì del Design.

Nel settore del design di prodotto puoi sempre ricorrere al *Giurì del Design*, introdotto nel 1991 dall'Associazione per il Disegno Industriale e dalla Confindustria insieme al Codice di Autodisciplina del Disegno Industriale. Se scopri che una forma da te ideata è stata utilizzata da altri, puoi per prima cosa mandare una lettera di diffida tramite un legale. In seguito puoi ricorrere all'arbitrato del *Giurì del Design* invece che al giudizio ordinario, in modo da ridurre i tempi e i costi di una soluzione della lite. Il *Giurì* è divenuto oggi promotore dell'arbitrato relativo a controversie in tale settore, all'interno dell'*Associazione* A.D.I. per il *Disegno Industriale*, per mezzo della stesura di un Regolamento Arbitrale utile alla composizione stragiudiziale (cioè "fuori dal Tribunale") di una controversia in materia di design.

Cosa contiene una domanda di brevetto

La preparazione della documentazione necessaria a proteggere la tua idea è una fase molto importante alla quale ogni inventore deve dedicare tempo e attenzione. Dopo la presentazione del primo brevetto probabilmente avrai acquisito la necessaria dimestichezza nella predisposizione della documentazione e andrai anche più spedito e sicuro nella preparazione di altre domande.

Il consiglio è sempre quello di suddividere le attività che si svolgono per la compilazione in tanti passi da seguire uno dopo l'altro, arricchiti da tue personali osservazioni per fare sempre meglio. Infatti, il fatto che il tuo brevetto, che risulterà dalla tua documentazione, copra con sicurezza i contenuti dell'invenzione anche in senso più generale possibile dipende da ciò che scriverai e da come lo descriverai. Il testo brevettuale può spesso apparire come una lunga e fin troppo dettagliata descrizione tecnico-scientifica di componenti, dispositivi, processi e problematiche tecniche.

In realtà il brevetto, al contrario di un articolo scientifico, non è caratterizzato solo da una descrizione tecnica ma anche e soprattutto da una corretta impostazione tale da conferire al brevetto una rilevanza legale. I contenuti, la forma e il linguaggio adottati hanno ricadute importanti sull'ampiezza dell'area tecnologica che vorrai circoscrivere con vincoli che impediranno ad altri di trovare facilmente varianti in grado di aggirare il tuo brevetto.

Molto importante è la scelta terminologica dei contenuti delle cosiddette rivendicazioni (*claims*) che indicheranno il numero minimo di caratteristiche tecniche, sensoriali, funzionali, tecnologiche che definiscono un dispositivo oggetto della tua invenzione e che, quindi, non potranno essere copiate o riprodotte. La scelta dei componenti da elencare e descrivere oppure da escludere dalle rivendicazioni e la terminologia da utilizzare, è una fase delicata che deve essere il risultato di una cooperazione fra l'inventore e i consulenti brevettuali e presuppone una profonda comprensione dei principi alla base dell'invenzione stessa.

Alcune regole per la compilazione delle rivendicazioni sono:

- *essere esaustivi nella descrizione dei sottosistemi* del dispositivo ma sufficientemente generici in modo da ricomprendere anche una serie di varianti funzionali ed evitare che, con una semplice modifica si possa aggirare il brevetto;
- *dire che il dispositivo comprende almeno i seguenti componenti* rivendicati senza escludere la potenziale presenza di altri elementi non espressamente indicati;
- *introdurre nelle rivendicazioni la descrizione di solo alcuni elementi fondamentali* e non di tutti i singoli ed effettivi elementi che lo compongono (se numerosi);
- *utilizzare termini generici per denominare i componenti*, dire

"sistema di trasmissione" invece di "albero di trasmissione con diametro ∅ 100 mm!";

- *definire e descrivere i componenti secondo la funzione che esplicano* e non descriverne la particolare forma; cioè dire "mezzo di ritenuta" invece che "fermo cilindrico di ritenuta". In questo modo s'impedisce l'utilizzo di un componente anche sensibilmente diverso da quello mostrato nelle figure esplicative del brevetto;
- *utilizzare una descrizione sintetica ma esaustiva*, non molto lunga (20/50 righe di testo).

Come compilare una domanda di brevetto

Per presentare una domanda di brevetto all'Ufficio Italiano Brevetti e Marchi è necessario collegarsi al sito web www.uibm.gov.it per scaricare la modulistica e poi seguire le istruzioni per l'invio che può essere anche telematico. Nella home page del sito, alla sezione "Servizi all'utenza" trovi l'icona "Deposito domande". Qui troverai tutta la modulistica necessaria divisa per tipologia di brevetto da richiedere.

Figura 18 – Sezione Servizi all'Utenza del sito U.I.B.M. → Deposito Domande

Per esempio il *Modulo A* è specifico per le domande di brevetto di invenzione industriale, mentre il *Modulo U* per la richiesta di brevetto per modelli di utilità. Potrai trovare qui anche la modulistica per: *Marchio d'Impresa* (Modulo C), *Disegni e Modelli* (Modulo O), *Varietà vegetali*, *Marchi Internazionali* (moduli mm1, mm2, mm3 ecc.), *Marchi Comunitari*, *Brevetti Europei*, *Brevetti Internazionali*, *Disegni e Modelli Internazionali*, *Disegni e Modelli Comunitari*.

Figura 19 – Sezione modulistica del sito U.I.B.M.

In seguito all'emanazione del Decreto Ministeriale 24 ottobre 2008 (http://www.uibm.gov.it/images/stories/Normativa/leggi/decreto24ottobre2008.pdf) è possibile oggi eseguire il deposito telematico delle istanze connesse alle domande di brevetto per invenzioni industriali e modelli di utilità, alle domande di registrazione di disegni e modelli industriali e di marchi d'impresa nonché ai titoli di proprietà industriale concessi.

Figura 20 – Icona Telemaco *per accedere alla procedura di presentazione telematica della domanda*

Puoi presentare, a costi davvero ridotti, la domanda per via telematica attraverso lo Sportello Telematico *Telemaco* cui è possibile accedere tramite il pulsante sopra mostrato. Nella sezione "Tasse" è possibile informarsi sui costi da sostenere per mantenere valido il brevetto negli anni successivi a quello di presentazione.

SEGRETO n. 29: per presentare la domanda del tuo brevetto, preparala al computer e utilizza la modalità telematica.

Una volta premuto il pulsante "Accedi a Web Telemaco" entrerai nel portale di *Infocamere* e per accedere alla sezione per la presentazione delle domande di brevetto si deve entrare nella scheda "Servizi e-gov", che puoi trovare indicata nell'immagine qui a fianco.

Figura 21 – Pagina web per accedere alla funzione "Web Telemaco"

Figura 22 – Porzione di pagina web per accedere alla scheda "Servizi e-gov"

L'interfaccia utente che si mostra è indicata nella figura qui di seguito: è visibile una lista di sportelli telematici disponibili e si sceglierà lo sportello "Brevetti e marchi".

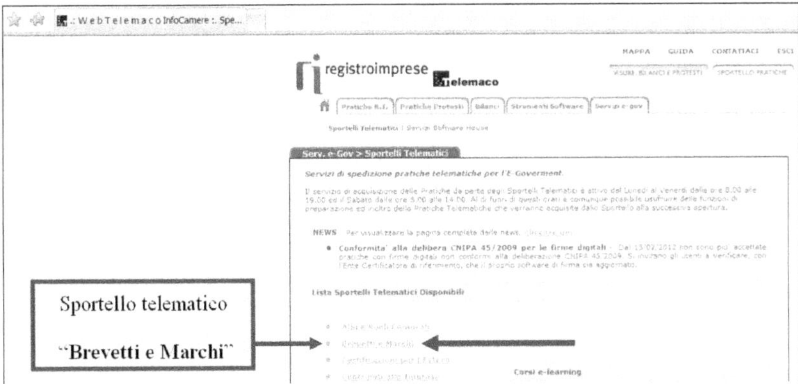

Figura 23 – Pagina web per accedere allo sportello telematico "Brevetti e Marchi"

A questo punto si entra nel servizio web per il deposito delle domande (*Simba*). La Camera di Commercio che riceve la domanda, al termine dell'iter, invierà il fascicolo elettronico caricato all'Ufficio Italiano Brevetti e Marchi.

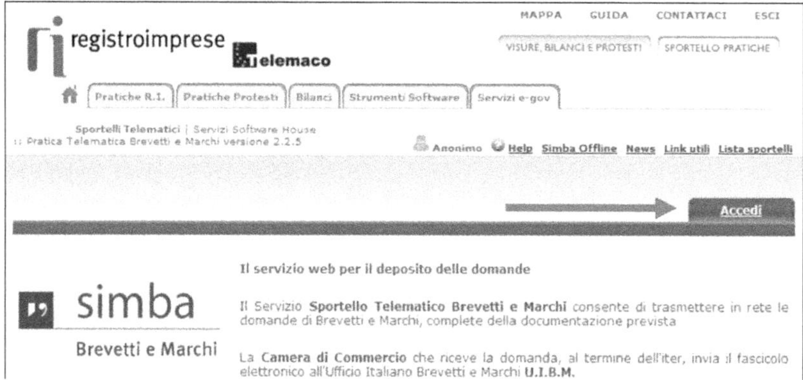

Figura 24 – Pagina web del servizio web per il deposito delle domande di brevetto

Premendo il pulsante "*Accedi*" si entra nel servizio previa definizione di User ID e password.

Figura 25 – Pagina delle credenziali personali

Se è la prima volta che hai necessità di accedere ai servizi telematici, devi richiedere le credenziali mediante una procedura particolare. Per accedere agli Sportelli Telematici dei *Servizi E-Gov* è necessario completare la propria registrazione effettuata con la sottoscrizione del contratto cartaceo per l'invio di pratiche telematiche (ottenuta dal sito www.registroimprese.it).

Si tratta di un'operazione da effettuare *una tantum* al momento del primo accesso allo sportello per l'invio di una pratica. Tale operazione, invece, va eseguita in seguito solo per modificare i dati già registrati. La funzione di completamento o modifica della registrazione è disponibile nella homepage degli Sportelli Telematici della sezione "Servizi E-Gov". Per ottenere le credenziali devi fare click su "Registrati".

Figura 26 – Occorre fare click su "Registrati" per accedere alle funzionalità del sito

Questa procedura ti permetterà solo funzioni di consultazione; se invece, oltre alla consultazione di visure, bilanci ecc. devi inviare pratiche telematiche (ed è questo il caso di presentazione di domande di brevetto) è necessario sottoscrivere, con firma autografa o digitale, le condizioni del servizio di consultazione e trasmissione di pratiche.

Nella figura qui di seguito puoi trovare la procedura (estratta dal sito ufficiale) per inviare la proposta di adesione al servizio e poter eseguire anche l'invio di pratiche telematiche.

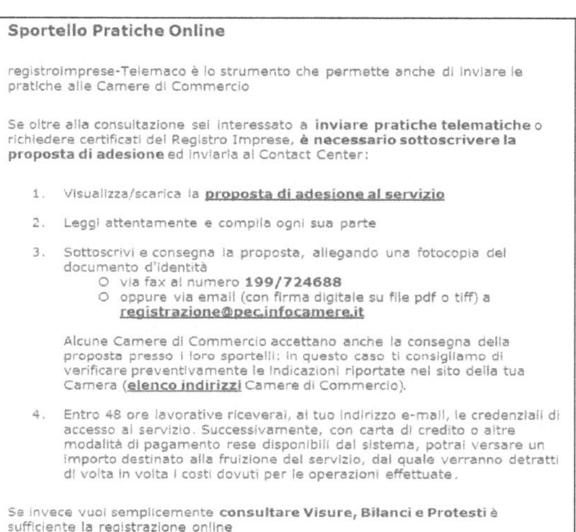

Sportello Pratiche Online

registroimprese-Telemaco è lo strumento che permette anche di inviare le pratiche alle Camere di Commercio

Se oltre alla consultazione sei interessato a **inviare pratiche telematiche** o richiedere certificati del Registro Imprese, **è necessario sottoscrivere la proposta di adesione** ed inviarla al Contact Center:

1. Visualizza/scarica la **proposta di adesione al servizio**
2. Leggi attentamente e compila ogni sua parte
3. Sottoscrivi e consegna la proposta, allegando una fotocopia del documento d'identità
    - via fax al numero **199/724688**
    - oppure via email (con firma digitale su file pdf o tiff) a **registrazione@pec.infocamere.it**

   Alcune Camere di Commercio accettano anche la consegna della proposta presso i loro sportelli: in questo caso ti consigliamo di verificare preventivamente le indicazioni riportate nel sito della tua Camera (**elenco indirizzi** Camere di Commercio).
4. Entro 48 ore lavorative riceverai, al tuo indirizzo e-mail, le credenziali di accesso al servizio. Successivamente, con carta di credito o altre modalità di pagamento rese disponibili dal sistema, potrai versare un importo destinato alla fruizione del servizio, dal quale verranno detratti di volta in volta i costi dovuti per le operazioni effettuate.

Se invece vuoi semplicemente **consultare Visure, Bilanci e Protesti** è sufficiente la registrazione online

Figura 27 – Procedura per inviare la proposta di adesione al servizio e poter eseguire anche l'invio di pratiche telematiche invece che consultare gli archivi solamente

Ma **quanto costa mantenere un brevetto**? Anche in questo caso puoi trovare risposte sul sito dell'U.I.B.M. all'indirizzo: http://www.uibm.gov.it/images/stories/recuperi/tasse/tasse.pdf.

Qui troverai i *diritti di deposito* da corrispondere se la domanda è presentata per via telematica o cartacea, e i *diritti di mantenimento* oltre il quarto anno dalla data iniziale del brevetto. I costi di mantenimento aumentano con il passare degli anni in modo da spingerti a sviluppare davvero il brevetto, oppure venderne i diritti di speculazione economica a terzi, così da non bloccare il progresso della tecnica per il solo fatto di dover tutelare la tua idea. Sul sito troverai anche diritti e tariffe da corrispondere per la riproduzione e fotocopiatura.

LE TARIFFE
(Decreto Ministeriale del 2.04.2007 – G.U. n° 81 del 6.04.2007)

AVVERTENZA
Le copie brevettuali possono essere richieste:
- Direttamente in sede (via di S.Basilio n.14 Roma) dalle ore 9.30 alle ore 12.15 escluso il sabato.
- Per posta. al seguente indirizzo: Ufficio Italiano Brevetti e Marchi - Div. IX - via Molise 19 00187 Roma.
- Per Fax al seguente numero 06 47887779

DIRITTI e TARIFFE

1. Diritti di segreteria per la richiesta di copie autentiche ,estratti e copie semplici per ogni singolo fascicolo di ogni tipologia di titolo di proprietà industriale : € 3.00

2. Tariffe per l'attività di fotocopiatura o riproduzione per singolo fascicolo suddivisa per tipologia di titolo di proprietà industriale:

Invenzione industriale	€ 4.00
Modello di utilità o ornamentale	€ 2.00
Disegno o modello multiplo a colori	€ 10.00
Disegno o modello multiplo in bianco e nero	€ 4.00
Disegno o modello a colori	€ 6.00
Disegno o modello in bianco e nero	€ 2.00
Marchio di impresa a colori	€ 2.00
Marchio di impresa in bianco e nero	€ 1.00
Nuova varietà vegetale	€ 2.00
Topografia a semiconduttore	€ 2.00
Certificato complementare di protezione	€ 1.00
Traduzione di brevetto europeo	€ 4.00
Atto o documento non previsto	€ 2.00

Figura 28 – Diritti e tariffe di riproduzione
http://www.uibm.gov.it/images/stories/recuperi/tasse/tariffe.pdf

A questo punto abbiamo visto insieme anche le modalità pratiche per la presentazione di una domanda di brevetto. Ora non hai più scuse! Non ti resta che mettere in pratica ciò che hai appreso.

RIEPILOGO DEL CAPITOLO 4:

- SEGRETO n. 24: Non divulgare la tua idea per nessun motivo e in nessun modo prima di aver preso delle importanti precauzioni. Non farti tentare dalla voglia di far conoscere la tua idea alle persone, agli amici, al mondo.
- SEGRETO n. 25: Non perdere tempo se la tua idea è semplicemente la scoperta di qualcosa che già esiste in natura. Una buona invenzione è una soluzione nuova e innovativa in risposta a un problema tecnico o a un'esigenza o bisogno.
- SEGRETO n. 26: Se inventi qualcosa mentre stai lavorando per altri, stai attento. La legge prevede una serie di particolari casistiche che è bene approfondire.
- SEGRETO n. 27: La sezione più importante di una domanda di brevetto è quella definita CLAIMS (rivendicazioni). Se riesci a essere correttamente generico nella descrizione, contemplando varie casistiche, il tuo brevetto è inattaccabile.
- SEGRETO n. 28: Se la tua invenzione rientra nel settore dell'industrial design, puoi rivolgerti, in caso di contenzioso, al Giurì del Design.
- SEGRETO n. 29: Per presentare la domanda del tuo brevetto, preparala al computer e utilizza la modalità telematica.

Conclusione

Complimenti! Sei arrivato al termine di questo percorso strutturato proprio perché, se lo hai seguito e applicato, nel giro di qualche mese sarai sicuramente arrivato a sviluppare una tua idea, metterla su carta, avere il coraggio di presentarla all'Ufficio Italiano Brevetti e Marchi, magari nei tempi giusti, senza lasciarti boicottare dalle paure e dalla demoralizzazione che, facilmente, nel mondo odierno, frenetico e saturo di informazioni, possono sopraggiungere e schiacciarti. Anche se potrebbe non essere proprio l'idea vincente per te, non demordere e continua a guardarti sempre intorno con occhio critico, applicando l'algoritmo sempre e comunque. Crea alleanze con altri amici e colleghi di corso, di Università oppure di lavoro: in gruppo ci si diverte di più e si trovano sempre nuovi stimoli.

Come sei arrivato fin qui? Probabilmente seguendo questo corso come si legge un libro a letto oppure in spiaggia. Va bene lo stesso! Con corsi come questo, una prima lettura serve sempre per "catturare" in un sol colpo la metodologia. Ma ora è necessario fare sul serio e sono sicuro che sei dotato di grande motivazione: dovrai infatti iniziare dal primo capitolo e, con impegno e costanza, applicare passo per passo il metodo. Man mano che termini un capitolo devi cominciare a fare qualcosa per mettere in pratica quanto letto. La seconda lettura deve rappresentare per te un *canovaccio* da seguire, che può portarti a risultati davvero inaspettati. Non importa se impiegherai qualche settimana o mese, ciò che è veramente importante è che quando lo rileggi passi all'azione.

Applicando passo per passo le fasi dell'algoritmo arriverai di sicuro a un risultato tangibile; e se non riuscirai la prima volta a brevettare qualcosa, avrai comunque imparato un metodo, e questa è la cosa più importante, perché potrai replicarlo tutte le volte che vuoi senza paura e senza scoraggiarti, perché ormai tale metodo lo hai interiorizzato e sperimentato. Avrai vinto la sindrome del foglio bianco e il timore di sentirti non in grado di sviluppare qualcosa di tuo. La relazione tecnica che avrai sviluppato potrà sempre servirti per presentare la tua idea progettuale a qualche tecnico, sponsor, imprenditore interessato, oppure, per esempio, attendere il momento opportuno per richiedere un finanziamento statale per l'imprenditoria giovanile e portare avanti l'idea per conto tuo. In questi casi occorrerà presentare un *business plan* e tu lo avrai già quasi pronto, perché seguendo l'algoritmo dell'inventore hai già preparato gran parte della documentazione. Prima di salutarti voglio farti un'ultima domanda: avrai il coraggio di aggiungere un piccolo tassello alla conoscenza umana sviluppando il tuo primo brevetto? Sono sicuro che la risposta è positiva!

Mi auguro di poter presto vederti fra gli inventori italiani e ti auguro il meglio per la tua vita professionale. Nel frattempo non dimenticarti di applicare l'algoritmo in ogni momento della tua vita dedicando ad esso anche poco tempo alla settimana ma con costanza e impegno. Buona fortuna!

Giuseppe Carfagna

www.ingramcontent.com/pod-product-compliance
Ingram Content Group UK Ltd.
Pitfield, Milton Keynes, MK11 3LW, UK
UKHW022020190726
13853UKWH00005B/2022

9 788861 745551